VALOR, RESPEITO
E APEGO

VALOR, RESPEITO E APEGO

Joseph Raz

Tradução
VADIM NIKITIN

Esta obra foi publicada originalmente em inglês com o título
VALUE, RESPECT, AND ATTACHMENT por Cambridge University Press, Cambridge.
Copyright © Syndicate of the Press of the University of Cambridge, 2001.
Copyright © 2004, Livraria Martins Fontes Editora Ltda.,
São Paulo, para a presente edição.

1ª edição 2004
2ª edição 2022

Tradução
VADIM NIKITIN

Revisão técnica
Pedro Pimenta
Acompanhamento editorial
Luzia Aparecida dos Santos
Revisões
Marisa Rosa Teixeira
Sandra Garcia Cortes
Dinarte Zorzanelli da Silva
Produção gráfica
Geraldo Alves
Paginação
Studio 3 Desenvolvimento Editorial
Capa
Katia Harumi Terasaka Aniya

Dados Internacionais de Catalogação na Publicação (CIP)
(Câmara Brasileira do Livro, SP, Brasil)

Raz, Joseph
  Valor, respeito e apego / Joseph Raz ; tradução Vadim Nikitin.–
2. ed. – São Paulo : Editora WMF Martins Fontes, 2022. – (Biblioteca jurídica WMF)

  Título original: Value, respect, and attachment.
  Bibliografia.
  ISBN 978-85-469-0397-9

  1. Comportamento de apego 2. Ética 3. Respeito pelas pessoas 4. Valores (Ética) I. Título. II. Série.

22-117861   CDD-170.42

Índices para catálogo sistemático:
1. Ética : Metodologia e universo conceitual :
Investigação teórica : Filosofia   170.42

Cibele Maria Dias - Bibliotecária - CRB-8/9427

Todos os direitos desta edição reservados à
Editora WMF Martins Fontes Ltda.
Rua Prof. Laerte Ramos de Carvalho, 133 01325-030 São Paulo SP Brasil
Tel. (11) 3293-8150 e-mail: info@wmfmartinsfontes.com.br
http://www.wmfmartinsfontes.com.br

Índice

Introdução 1

1. Apego e singularidade 11
2. Universalidade e diferença 39
3. O valor de estar vivo 73
4. Respeitar as pessoas 117

Índice remissivo 165

Introdução

Em teoria ética, não há quase nada que não seja amplamente questionado. Um ponto de vista que desfruta de grande aprovação é o de que os valores são universais. Contudo, parece-me que há incertezas quanto ao significado e ao alcance desse ponto de vista, as quais se beneficiariam de uma reflexão mais aprofundada. Quando fui convidado para ministrar as Conferências Seeley de 2000, resolvi aproveitar a oportunidade para fazer mais uma reflexão, ainda que parcial e incompleta, sobre alguns dos contornos referentes ao ponto de vista de que os valores são universais. Queria compreender melhor a sua significação e os seus limites. Em particular, queria aperfeiçoar a minha compreensão de como esse ponto de vista é compatível com a idéia, contestada por muitos mas imperiosa para mim, de que as propriedades valorativas, isto é, as propriedades que em si mesmas tornam os seus possuidores melhores ou piores, são histórica ou socialmente dependentes. As práticas sociais são contingentes, e as mudanças que nelas ocorrem também são contingentes. Pode o valorativo ser universal, se ele depende do contingente? Esse parece ser um tema adequado para uma série de conferências dedicadas à memória de um historiador que se interessou pela teoria e pela filosofia e que trouxe a teoria para os estudos de política e história na Universidade de Cambridge.

Estou mais consciente daquilo que não fui capaz de discutir, ou daquilo que discuti rápida e dogmaticamente demais, do que dos êxitos alcançados pelas páginas a seguir. Elas são muito unilaterais e parciais. O seu foco é a tensão entre a parcialidade e a imparcialidade. A universalidade parece implicar a imparcialidade. Isso procede, ou parece proceder, quando se admite que as razões para a ação conduzem ao valor. Isto é, que a única razão para qualquer ação é que a ação, em si mesma e em suas conseqüências, tem propriedades benfazejas, tem características que a tornam, *pro tanto*, boa. Não vou discutir essa suposição aqui. Mas vou aceitá-la e contar com ela. Parece seguir-se daí que, se o que quer que seja bom (ou derive do que é bom) é bom em todo lugar e em qualquer tempo (pois o que significa a universalidade do valor se não inclui isso?), quando buscamos o valor todos nós estamos compartilhando o mesmo objetivo, todos nós estamos unidos na mesma busca. O valor é o grande unificador, o laço comum da humanidade. Apenas os enganos relativos ao que tem valor e a outros assuntos que interferem nas decisões de como buscar o que tem valor podem provocar divergências.

Essa é uma visão familiar, uma visão que veio predominando de tempos em tempos em diferentes culturas. No Ocidente, alimentou o espírito de otimismo gerado pelo Esclarecimento, cujo poder ainda sentimos às vezes. Mas somente às vezes. A nossa própria perspectiva é mais sombria e mais pessimista. Como poderia ser de outro modo agora, quando emergimos do século mais sombrio da história da humanidade?

A crença na universalidade do valor está equivocada? Sim e não. Assim como se costuma compreendê-la, está equivocada. Mas no seu cerne é justa. Em vez de logo abandonar completamente essa crença, deveríamos antes compreender o que está e o que não está implicado na universalidade dos valores. Ela não implica, por exemplo, que os valores não possam mudar ao longo do tempo[1]. O Capítu-

---

1. Argumentei a favor disso no Capítulo 7 de *Engaging Reason*, Oxford, Oxford University Press, 2000. Esse livro contém boa parte do embasamento filosófico forçosamente ausente nas reflexões que se seguem aqui.

lo 2 a seguir lida com as ilusões e a realidade da universalidade do valor. Ele talvez dê a impressão de que o que possa haver de verdade na universalidade do valor seja algo estritamente legal, de que a esperança na universalidade do valor como um possível laço comum da humanidade tenha sido abandonada. Mas não é assim. A crença na universalidade do valor é vital para uma perspectiva de esperança quanto ao futuro. Entretanto, essa perspectiva admite a diversidade no interior dessa universalidade. Aí também há esperança. Na medida em que depende de um esclarecimento filosófico, a esperança quanto ao futuro depende não menos de uma compreensão dos limites da universalidade e das fontes e da natureza da diversidade. Depende da conciliação da crença na universalidade com uma compreensão correta da diversidade real dos valores.

Como passo a considerar a seguir, a diversidade provém da parcialidade. Em última instância, a parcialidade, isto é, o favorecimento de uma pessoa, uma atividade ou uma causa em prejuízo de outras, é o que está na raiz da diversidade legítima (bem como na raiz de muitos abusos de valores em função de objetivos malignos). A idéia é simples. Nas crenças e nas práticas valorativas, a diversidade resulta ou de crenças equivocadas no que é valioso (nesse caso – em geral – não se trata de diversidade legítima) ou da parcialidade de pessoas quanto a certas pessoas ou a certos objetivos que são todos valiosos, mas para os quais algumas pessoas são atraídas ou com os quais se comprometem, ao passo que outras sentem indiferença ou muito menos atração por eles. Dado que todas as pessoas são parciais em relação a alguma coisa de valor autêntico, a universalidade do valor é respeitada. A diversidade legítima não resulta do fato de que algumas coisas têm valor para uns e não para outros, mas do fato de que somos atraídos de modo diferente para os mesmos valores, ou para pessoas e objetivos que nos atraem porque possuem os mesmos valores. A atração diferencial legítima tende a conduzir à especiação dos valores, com o auxílio do surgimento de práticas variantes que exemplificam mas ao mesmo tempo modificam os valores mais abstratos que as geraram. Isso soa inevitavelmente como um processo misterioso. Mas, mesmo que a parcialidade seja capaz de conciliar a diversidade das práticas valorativas com a universalidade do valor, ainda assim se pode duvidar. A própria parcialidade não é suspeita? A própria parcialidade, afinal, não é incompatível com a universalidade do valor? O problema apresenta vários aspectos. Um deles é que, quando toma a forma de um apego especial a pessoas, lugares ou outros objetos, a nossa parcialidade não raro é acompanhada e justificada por alegações a respeito da singularidade dos objetos dos nossos apegos. Mas o valor singular de certas pessoas ou certos objetos é coerente com a universalidade do valor? O Capítulo 1 dedica-se a esse tema, investigando-o com a ajuda de *O Pequeno Príncipe*.

O segundo problema é que a lógica da obtenção de razões a partir do valor de opções diferentes aponta para uma concepção maximizante da razão prática, a qual por sua vez parece obrigar a decidir entre a universalidade e a parcialidade. Eu explico. As formas da parcialidade legítima são mais ou menos opcionais. Podem-nos exigir que favoreçamos nossos filhos ou nossos amigos, mas cabe a nós decidir entre ter filhos ou ter amigos. Podem-nos obrigar a ser parciais em relação ao nosso país ou à nossa cidade, mas podemos emigrar para outro país ou escolher onde viver, e assim por diante. Ainda mais claramente, podemos escolher entre dedicar mais tempo e lazer ouvindo música ou jogando golfe, etc. Em todos esses casos, presumimos que a nossa escolha está livre de coerções maximizantes. Isto é, presumimos que ao fazer essas escolhas não exigem que nos engajemos, e talvez nem possamos fazê-lo, no tipo de cálculo que deveria determinar a rota de uma nova estrada em questão, onde os cálculos utilitários de maximização da utilidade prevista da estrada estão no seu devido lugar. Se a parcialidade envolve a legitimidade de escolhas que não são regidas pelo raciocínio maximizante, então não se conclui daí que a parcialidade seja incoerente ou com a universalidade do valor ou com o nexo valor-razão, uma vez que aparentemente a combinação de ambos impõe a lógica maximizante sobre todas as decisões e nega a legitimidade das opções que não estão sujeitas a ela?

Em outros textos, argumentei que o fato de que opções valiosas sejam muitas vezes impossíveis de medir deixa larga margem para a parcialidade. Não voltei atrás na minha opinião. Os meus argumentos a seu favor foram sem dúvida bastante incompletos, e este não é o contexto para corrigir as suas falhas. Retoma-se aqui, porém, uma importante lacuna do quadro. Argumentei que, visto quão difusas são as razões por serem as diversas opções impossíveis de medir, deveríamos pensar as razões como capazes de tornar elegíveis as opções e inteligível a sua escolha, em vez de pensá-las como rigorosamente requerendo ações. Isso desobriga de ter que distinguir entre razões opcionais e razões necessárias. Há apenas uma espécie de razões para a ação. Elas requerem a ação se as razões para que ocorra essa ação anulam as razões para quaisquer ações alternativas, e não fazem mais do que tornar inteligível a ação *vis à vis* com as ações alternativas cujas razões não são anuladas por elas.

Isso, porém, não consegue explicar por que às vezes precisamos optar por uma determinada ação, caso contrário agimos de modo errado, enquanto outras vezes, embora as razões para que ocorra essa ação anulem as razões para quaisquer ações alternativas (por exemplo, hoje à noite a minha razão para ver o novo fime de Tarantino é melhor do que qualquer outra coisa que possamos fazer), deixar de agir assim não seja errado (se deixo de ver o filme de Tarantino, a minha ação pode ser imprudente, preguiçosa, fraca, etc., mas não errada). A discussão sobre o respeito apresentada no Capítulo 4 serve de prólogo a uma explicação dos casos em que as razões são e dos casos em que não são causas de erros. Creio mesmo que essa seja para mim a parte mais importante do livro. Aí se delineia uma distinção entre dois modos de se relacionar com o que é valioso, respeitá-lo ou engajar-se nele. Precisamos respeitar o que é valioso e é errado não fazê-lo. Temos uma razão para nos engajarmos no que é valioso, e é compreensível que devemos fazê-lo. Às vezes pode ser uma tolice, uma precipitação, uma fraqueza, um defeito específico, ou até algo irracional, o fato de que deixemos de nos engajar no que tem mais valor do que as alternativas disponíveis ou nos engajemos com o que tem menos valor. Mas, em geral, agir assim não é errado.

Como essas reflexões se relacionam com a maximização? Acredito que seja um erro pensar que as teses sobre a universalidade dos valores e sobre o nexo valor-razão em si e por si mesmas nos obriguem a uma atitude maximizante para com a racionalidade prática, isto é, para com o ponto de vista de que a nossa obrigação racional global é escolher aquelas ações que, dentre todas as opções à nossa disposição, maximizam o valor esperado. O nexo valor-razão não nos obriga a nada mais do que sempre escolher a melhor ação disponível. Ele não tem obrigações para com o ponto de vista de que há algo a maximizar. Isto é, não tem obrigações para com o ponto de vista de que a melhor ação é aquela que supostamente produz o máximo de bom, ou aquela que concebe o máximo de bom, ou aquela que deveria promover ao máximo o bem. Porque não tem obrigações para com o ponto de vista no qual faz muito sentido falar em maximizar o bem ou o valor, ou promover o valor e o bem, ou conceber o máximo de bom.

É claro que tais expressões têm o seu uso em contextos específicos. Pode fazer sentido falar em maximizar um valor econômico, ou em promover ou maximizar o acesso à educação, ou em maximizar as possibilidades de aumentar o tempo de vida das pessoas, e assim por diante. Mas se tenho que escolher entre assistir a uma boa apresentação de *Jenufa*, de Janacek, ler o novo livro de Gerry Cohen ou ir a uma festa dançante, não parece fazer sentido me perguntar qual dessas opções vai promover ou produzir mais bem ou mais valor, ou qual delas vai maximizar o bem. Cada uma a seu modo, as três são atividades com todo o seu valor intrínseco próprio (e provavelmente possuem benefícios e desvantagens instrumentais que podemos desconsiderar aqui). É possível que uma delas seja a melhor ação, ou a mais valiosa, mas não porque maximiza o bem ou o valor.

Quando uma única pessoa está em questão, a maximização parece estar à vontade quando levamos em conta certos tipos de opções de valor e não outros. Provavelmente, ela está mais à vontade quando os bens em questão são bens instrumentais (posso maximizar os meus recursos econômicos, etc.) ou quando são condições para alcançar certos bens (por exemplo, maximizar o meu acesso à educação). Eles parecem estar fora de lugar quando lidamos com bens intrínsecos que afetam uma única pessoa. As considerações maximizantes, porém, estão freqüentemente à vontade quando lidamos com várias pessoas e comparamos os benefícios ou os danos relativos a várias delas. É difícil evitar a idéia de que os números importam e de que, para tomar um exemplo simples, se temos que escolher entre conceder um benefício específico a uma pessoa ou conceder o mesmíssimo benefício a duas pessoas, deveríamos concedê-lo a duas pessoas. Nada tenho a dizer aqui a respeito da maximização interpessoal.

Quero ressaltar a pertinência do Capítulo 4 ao debate sobre razão e maximização, porque esse aspecto não ocupa um papel central no modo como o capítulo é estruturado e apresentado. Esse capítulo dá seqüência às discussões, que começam no Capítulo 3 com o valor de estar vivo, sobre questões que estão na base dos domínios centrais da moral. O meu enfoque em ambos recai sobre o tema central do livro, isto é, a conciliação da universalidade do valor com a sua dependência social e com a parcialidade. A vida, o respeito pelas pessoas e o bem-estar pessoal são exemplos paradigmáticos do que se costuma considerar como valores universais. O meu argumento é que o fato de estar com vida não tem valor para a pessoa a quem essa vida pertence, mas é antes uma precondição de qualquer coisa boa ou ruim que lhe venha a acontecer. O dever de ter respeito pelas pessoas, embora seja um dever universal, proveniente do fato de que as pessoas têm valor em si mesmas, extrai as suas manifestações concretas das práticas sociais. Em resumo, os valores morais fundamentais são universalmente válidos de forma abstrata, mas se manifestam e se tornam acessíveis para nós de um modo socialmente dependente.

O papel da parcialidade e a sua relação com a universalidade são centrais no Capítulo 4. A doutrina do respeito, que inclui a diferença aí pressuposta entre respeitar o que tem valor e engajar-se nele, visa a explicar os limites da parcialidade, ou seja, a parcialidade é permitida desde que não entre em conflito com o respeito pelo que tem valor, estando o respeito, como notei acima, no âmbito das razões cuja violação constitui um erro. A discussão sobre o respeito explica os contornos e os limites da parcialidade em favor da nossa própria causa.

Preparei-me para as Conferências Seeley apresentando os rascunhos dessas conferências aos meus alunos da Universidade de Columbia, no outono de 1998 (durante um seminário conjunto com Jeremy Waldron), e de forma muito mais completa e elaborada no outono de 1999; na sua revisão para publicação, auxiliou-me a submissão dos textos dessas conferências aos comentários e às críticas ocorridas durante o seminário que Ulrike Heuer e eu demos em Oxford, na primavera de 2000. Em novembro de 1999, apresentei uma versão muito mais resumida do Capítulo 1 como parte de um Simpósio Presidencial sobre a Dependência do Passado, e o Capítulo 3 como um texto num Colóquio de Filosofia do MIT. Beneficiei-me das discussões ocorridas em todas essas circunstâncias, mas gostaria de agradecer em especial as críticas perspicazes de Charles Beitz, Ken Ehrenberg, David Enoch, David Friar, Malte Gethold, Scott Hershowitz, Jeff Seidman, Dale Smith, Jeremy Waldron e principalmente Ulrike Heuer, cujas críticas minuciosas de todos os textos ao longo do nosso seminário conjunto e das nossas conversas particulares ajudaram-me a aperfeiçoar muitos aspectos das conferências originais e me pouparam de muitos erros. Receio que nenhum deles acredite realmente que aprendi todas as lições que eles tentaram me ensinar. Sei, porém, que aprendi muito com eles, assim como, sempre, com as conversas e os comentários de Penelope Bulloch. Ainda que não tenha tido oportunidade de discutir este livro com ele, sou extremamente grato a Don Regan, com quem venho debatendo as relações entre bem-estar pessoal e outros valores, sempre que nos encontramos mais demoradamente, desde o início dos anos 1980, e sobretudo durante um breve seminário conjunto que demos em Ann Harbor em 1994. Ao longo dos anos, e às vezes imperceptivelmente, os meus pontos de vista têm se movido em direção aos dele. O seu exemplo de lida ininterrupta com alguns desses problemas foi uma inspiração para mim.

1. Apego e singularidade

> A questão crucial não está em saber se os sentimentos e as atitudes são considerados importantes..., mas em saber se – e até que ponto – esses sentimentos e atitudes podem ser influenciados e cultivados pelo raciocínio[1].

Após termos deixado para trás o pior século da história da humanidade, *moralmente* falando[2], de vez em quando podemos buscar consolo em reflexões sobre alguns aspectos do passado recente que valem como avanços morais, como indicadores de um futuro mais razoável para a nossa espécie. Quando volto a mente para tais pensamentos, talvez aí sobressaia uma característica. Vou chamá-la de legitimação da diferença. Refiro-me a uma mudança na sensibilidade, a uma mudança no que as pessoas vêem como óbvio e que lhes parece exigir justificação e explicação. Tais mudanças nunca são universais. Essa mudança também não deve ter ido muito longe por enquanto. Mas creio e espero que no Ocidente tenha ocorrido um movimento desse tipo na sensibilidade das pessoas, um movimento para a aceitação da diferença – na cultura e na religião, nos sexos, na orientação sexual ou nas raças –, para o reconhecimento da sua legitimidade inquestionável e para a procura de justificação somente quando se manifesta a hostilidade à diferença ou somente onde se dá vantagem a um dos lados de tais divisões[3].

---

1. A. Sen, "East and West: The Reach of Reason", *New York Review of Books*, vol. 47, n. 12, 20/7/2000.
2. Cf. Jonathan Glover, *Humanity: A Moral History of the Twentieth Century*, Londres, Jonathan Cape, 1999.
3. O meu otimismo a esse respeito vai de par com uma crescente preocupação quanto ao aumento da intolerância farisaica que parece ganhar terre-

É um indício desse movimento, ou uma prova da vitalidade das Conferências Seeley, o fato de que todos os conferencistas anteriores tenham dedicado tanta atenção à diversidade e à divergência e à reação apropriada a elas? Porque certamente tais movimentos na sensibilidade tanto geram movimentos na reflexão teórica quanto são alimentados por eles. As questões que desejo explorar nestas conferências adquiriram uma importância e uma topicidade maiores por causa das suas implicações nas reflexões teóricas que acompanham a legitimação da diferença. Os pontos de vista que muitas pessoas têm sobre os assuntos que vou discutir são motivados pela sua reação à legitimação da diferença. No entanto, sinto que é melhor mantermos o questionamento dentro dos seus limites teóricos apropriados, e, portanto, convém nos abstermos, na maioria dos casos, de inferir quaisquer implicações "práticas" das reflexões que se seguem.

É teoricamente problemático aceitar a legitimação da diferença. A aceitação é mais do que uma questão de reconhecer os fatos. Consiste em endossar determinadas posições valorativas referentes a práticas normativas. A diferença é multifacetada, bem como a reação a ela. É difícil generalizar sem distorcer. Mas, em linhas gerais, aceitar significa endossar posições afirmativas, aprobatórias, referentes a práticas normativas que muitas vezes parecem incoerentes ou até mesmo francamente hostis entre si. A diversidade de crenças religiosas é um exemplo notório. Mas o mesmo acontece com estilos de vida divergentes associados a muitas diferenças, culturais ou não. Essas incoerências manifestas dão origem a profundos problemas práticos. E vou cumprir a minha promessa de não discuti-los aqui. Eles também dão origem a quebra-cabeças teóricos. Como podemos acre-

---

no nos Estados Unidos e na Grã-Bretanha, manifestando-se no orgulho das políticas de tolerância zero e na hostilidade vingativa em relação a qualquer um que não esteja de acordo com a ordem do dia. É possível que estejamos conquistando sensibilidade moral em algumas frentes e perdendo-a em outras?

ditar coerentemente na legitimidade da diferença? Uns pensam que ela conduz por via de regra à adoção de compreensões subjetivistas, emocionalistas ou projecionais da moral. Outros são levados a tomar essa ou aquela forma de relativismo ético ou valorativo como o ponto de vista conciliatório. Essa reação relativista não raro inclui a rejeição de qualquer crença na universalidade dos valores. Para muitos, a rejeição da universalidade dos valores é a própria essência do relativismo. No próximo capítulo, o meu tema vai ser uma exploração das fronteiras do relativismo coerente.

Neste Capítulo I, desejo examinar um desafio diferente relativo à tese de que os valores são universais. O desafio consiste em que a tese da universalidade não consegue explicar os nossos apegos mais profundos, os apegos do amor e da amizade, por exemplo, ou das relações entre pais e filhos, ou entre as pessoas e os seus países, apegos sem os quais a vida não teria sentido. Para enfrentar esse desafio, vou recorrer ao auxílio de *O Pequeno Príncipe*.

1. A perda da inocência: destruição do significado ou liberação?

Quero começar com um momento de crise. Eis como ele é descrito:

> E as estradas vão todas na direção dos homens.
> – Bom dia, disse ele.
> Era um jardim cheio de rosas.
> – Bom dia, disseram as rosas.
> O principezinho contemplou-as. Eram todas iguais à sua flor.
> – Quem sois?, perguntou ele estupefato.
> – Somos rosas, disseram as rosas.
> (...)
> E ele sentiu-se extremamente infeliz. (...)
> Depois, refletiu ainda: "Eu me julgava rico de uma flor sem igual, e é apenas uma rosa comum que eu possuo. (...)

Isso não faz de mim um príncipe muito grande..." E, deitado na relva, ele chorou*.

Trata-se de uma terna história sobre uma experiência universal. Tornamo-nos conscientes do mundo, se tivermos sorte, no seio de fortes apegos. Eles são formadores da nossa capacidade de sustentar os apegos, pessoais ou não, que são, para cada um de nós, *singulares* e entendidos como tais. Gradualmente o mundo se abre diante de nós, e os objetos dos nossos apegos perdem a sua singularidade. É um momento de crise. Para sobreviver e progredir, precisamos ser capazes de conciliar os apegos profundos que definem a nossa identidade com a noção de que os objetos desses apegos podem não ser assim tão singulares. Nem Saint-Exupéry nem eu temos algo a dizer sobre a psicologia dessa adaptação. Mas, embora às vezes use metaforicamente a linguagem da psicologia, vou procurar seguir o Pequeno Príncipe com algumas observações sobre a natureza da resolução da sua crise.

Será que não estou superestimando a chamada crise com a qual o Pequeno Príncipe se defronta? Será que não se trata apenas de amadurecimento? Essa é uma velha história: tanto como indivíduos quanto como espécie, amadurecemos pela transcendência do particular em direção ao universal; à medida que crescemos, como indivíduos e como espécie, os nossos horizontes se ampliam, passamos a entender cada vez mais aspectos do mundo e a entender melhor a nossa situação no mundo. Exatamente como o Pequeno Príncipe, transcendemos os limites do nosso parto e os apegos da nossa infância e da nossa meninice. Percebemos que há outras pessoas como os nossos pais, outras pessoas como nós mesmos.

Passamos a reconhecer o poder da razão e a nos sujeitar a ele. O seu julgamento é severo. É uma lição difícil mas

---

* Antoine de Saint-Exupéry, *O Pequeno Príncipe*, tr. Dom Marcos Barbosa, 21. ed., Rio de Janeiro, Agir, 1980, pp. 66-7. (N. do T.)

necessária ter que aprender que não estamos autorizados a nada só porque nós somos nós e que os nossos seres amados não são especiais só porque são nossos. Mas a razão também nos libera dos estreitos limites do nosso parto. Ela nos descortina o mundo, tornando-nos capazes de nos mover dentro dele, livres cidadãos do universo, cujos direitos de ir e vir são reconhecidos por todos aqueles que desfrutam igualmente da razão.

Não é assim que o Pequeno Príncipe resolve a sua crise, mas a história nos é bastante conhecida e muito poderosa. Pode-se negar que, assim como os indivíduos se tornam agentes morais dignos de respeito somente quando chegam a admitir que cada um é um entre muitos, e que todos têm direito à consideração, nós, enquanto espécie, evoluímos moralmente pela superação de fronteiras e alianças arbitrárias, pelo reconhecimento de que as pessoas em geral, e os animais em geral, merecem consideração e os seus interesses não devem ser ignorados? O uso do poder político não se aprimorou quando passou a ser regido por princípios racionais universais e transcendeu as alianças tribais e os outros vários tipos de favoritismo pessoal e grupal?

Acho que o Pequeno Príncipe não poderia negar que há muita verdade em tudo isso, mas esses fatos não o ajudariam a superar a sua crise. Ele acredita na importância da singularidade. Acredita que a singularidade pertence à natureza do amor, que é para ele o paradigma de todos os apegos especiais às pessoas e aos objetos. Acredita que tanto o significado quanto a compreensão, tanto a desgraça quanto a felicidade, provêm dos nossos apegos particulares, não-universais. Nas palavras que mais tarde ele aprende da Raposa: "A gente só conhece bem as coisas que cativou"* – sendo que o cativar é o modo pelo qual a Raposa conceitualiza os apegos especiais particularizados a pessoas e a objetos. A Raposa possui toda uma teoria sobre os apegos. Ela se aplica em primeiro lugar às relações de amor

---

* Antoine de Saint-Exupéry, *op. cit.*, p. 70. (N. do T.)

entre as pessoas, mas pode ser estendida, *mutatis mutandis*, às relações com objetos, causas, instituições, países, culturas, obras de arte, profissões ou qualquer outra coisa:

> – Minha vida é monótona. Eu caço as galinhas e os homens me caçam. Todas as galinhas se parecem e todos os homens se parecem também. E por isso eu me aborreço um pouco. Mas se tu me cativas minha vida será como que cheia de sol. Conhecerei um barulho de passos que será diferente dos outros. (...) O teu [passo] me chamará para fora da toca, como se fosse música. E, depois, olha! Vês, lá longe, os campos de trigo? (...) tu tens cabelos cor de ouro. Então será maravilhoso quando me tiveres cativado. O trigo, que é dourado, fará lembrar-me de ti. E eu amarei o barulho do vento no trigo...*

Que ingênua e otimista, dirão vocês. Será que ela não sabe que o amor pode encontrar resistência e que é a fonte tanto da desgraça quanto da felicidade? Mas a Raposa está longe de estar sonhando acordada. O seu romantismo abrange todas as facetas da vida. Há valor na tristeza e na decepção. Elas têm valor porque também podem ser elementos significativos na nossa vida. Mas, mesmo quando numa vida o fracasso e a tristeza são elementos puramente negativos, a sua existência é um subproduto da possibilidade de sentido positivo: não há nenhuma possibilidade de sucesso sem uma possibilidade de fracasso, nenhuma possibilidade de sentido positivo pessoal sem a possibilidade de valor negativo.

O mundo se investe de significado por meio dos nossos apegos a ele: o significado repousa primordialmente nos objetos dos nossos apegos e, por associação, em outras coisas. Talvez haja exagero aqui, mas certamente há verdade também. De acordo com o ponto de vista sugerido pelas observações da Raposa, os apegos aos objetos, todos

---

* *Idem*. (N. do T.)

APEGO E SINGULARIDADE 17

os apegos, conferem valor aos seus objetos e a outros associados a eles, não importa quais sejam. Aqui há três exageros. Primeiro, nem todos os apegos podem conferir valor aos seus objetos, mas apenas os apegos de valor. Segundo, a Raposa está exagerando, porque nem todo valor, e isso é parte do que temos em mente ao nos referirmos a "significado", pode derivar dos apegos. Terceiro, a Raposa insinua que há uma ligação geral entre os apegos e a singularidade, ao passo que somente alguns apegos envolvem singularidade. Esse último ponto pode ser exagero meu e não da Raposa. Ela não explicita até onde se pode generalizar a sua explanação de "cativar". Vou analisar esse ponto na Seção 3 abaixo. Os dois primeiros exageros estão intimamente relacionados entre si. Porque nem todo valor deriva do apego, alguns apegos podem carecer de valor, isto é, podem ser inúteis aos olhos de quem os possui. Para ter valor aos olhos de quem os possui, os apegos precisam ser valiosos em si mesmos[4]. Eu explico.

Não podemos adquirir apegos nem sustentá-los a menos que *pensemos* que agir assim vale a pena, isto é, acreditando que há valor em ter esses apegos ou em adquiri-los. Em parte, isso é simplesmente um esclarecimento do sentido em que o termo é usado aqui: ele se refere apenas aos laços dos quais estamos cientes e exclui aqueles aos quais estamos atrelados contra a nossa vontade, aqueles que preferiríamos não ter, mas dos quais não conseguimos nos livrar, ao menos não sem grande esforço. Endossamos os

---

4. No texto do Capítulo 1, uso "apegos" para me referir tanto a apegos específicos de indivíduos específicos quanto a espécies ou tipos de apegos, contando com o contexto para esclarecer o significado da palavra. A alegação feita no texto acima consiste em que o valor dos apegos de uma determinada espécie não depende exclusivamente do fato de que aqueles que os possuem aceitem-nos de bom grado ou com aprovação. Isso é coerente com o fato de que o valor dos apegos dessa espécie depende em parte, ao menos normalmente, da atitude assumida pelas pessoas que se apegam assim. O seu valor impessoal, ao qual se faz referência no texto, é o seu valor para nós caso fossem nossos apegos, o que independe do fato de que os aceitemos como nossos apegos.

nossos apegos, o que significa que eles são considerados valiosos[5]. Podemos, é claro, estar errados, e talvez esse ou aquele apego sejam destituídos de valor. Mas na maioria das vezes os nossos erros são contingentes. Não temos nenhuma razão para pensar que essas crenças *precisam* estar erradas, que nunca é bom ter apegos ou que nunca podemos saber quando é bom tê-los.

É possível que as pessoas adquiram um apego pensando que será valioso apenas porque o adquiriram, ou que o tenham adquirido em determinadas circunstâncias completamente independentes da natureza e do valor do seu objeto. Talvez alguns apegos sejam valiosos por razões desse tipo. Mas são casos extremamente raros. Na sua maioria, adquirimos e cultivamos apegos acreditando na adequabilidade dos seus objetos. Não nos apaixonamos porque temos uma razão para nos apaixonar por essa pessoa e não por outra, mas acreditamos que as pessoas que amamos são objetos adequados ao nosso amor. Do contrário, o amor torna-se aviltante para nós, uma obsessão que não nos larga, uma fraqueza contra a qual não conseguimos lutar ou a manifestação de qualquer outra patologia. Isso mostra também que acreditamos geralmente que o valor dos nossos apegos depende da adequabilidade dos seus objetos e que os apegos a objetos inadequados podem carecer de valor[6]. Aqui nova-

---

5. Essa alegação deve ser lida como sendo compatível com apegos algo irracionais, ou mesmo patológicos e autodestrutivos. Às vezes as pessoas adquirem ou cultivam apegos contra o seu melhor juízo, e os mantêm vivos mesmo quando lhes causam muito sofrimento. Mas na maior parte do tempo isso ocorre em virtude da atração irresistível exercida por algum aspecto bom da relação, digamos, a atração sexual ou o bem-estar da intimidade e da segurança (que pode subsistir mesmo na presença de abusos físicos ou mentais), etc. Embora evidentemente algumas patologias não se encaixem nesse padrão e alguns apegos sejam cultivados por puro medo.

6. Isto é, não ter valor nenhum (em vez de, no cômputo geral, o seu lado ruim ser simplesmente maior do que o seu valor). Já vi essa sugestão ser colocada em dúvida a partir do argumento de que ela é incoerente com a espontaneidade e a autonomia das nossas emoções. É como se se dissesse que um amor vale a pena somente se a pessoa que se ama é a pessoa mais adequada que se pode amar, ou como se alguém tivesse que merecer ser amado. Mas

mente não há nada de errado nas nossas crenças. Elas expressam a estrutura dos nossos conceitos e ajudam a entender o primeiro exagero na posição implícita da Raposa. Em geral, um apego precisa ter um objeto que mereça ser valioso.

Mas, embora esteja errada quanto ao valor e ao significado, a Raposa estará certa se o que tiver em mente for o *significado pessoal*, ou seja, o significado que é pessoal para cada um de nós e que pode fazer com que a nossa vida valha a pena. O significado pessoal depende realmente dos apegos: vivemos em função das nossas relações com as pessoas que amamos, dos objetivos que almejamos, sejam eles profissionais, políticos, sociais ou outros, e em função dos aspectos do mundo que passaram a ter um significado especial para nós, aqueles que "cativamos". Se vocês duvidam disso, tentem reanimar o estado de espírito de um depressivo ou de um suicida apontando-lhes quanta coisa de valor existe no mundo: falem da beleza da natureza, dos tesouros da arte suprema que enche os museus, da riqueza da música sublime, do grande número de amantes, etc. É provável que isso só aumente a sua tristeza. O seu problema não é a ausência de valor no mundo, mas a ausência de valor na sua própria vida. Como diz a Raposa, o significado pessoal advém dos apegos.

Então, como o significado pessoal dos apegos e dos seus objetos relaciona-se com o seu valor (impessoal)? É simples: os nossos apegos apropriam-se do valor (impessoal) e o tornam significativo para nós. Eles vão muito além do reconhecimento do valor dos seus objetos e do valor de si mesmos. Dão-lhes um papel nas nossas existências, fazem-nos importantes para o sucesso ou o fracasso da nos-

---

não é esse o significado da minha alegação. Ela não implica nada sobre o que torna alguém um objeto adequado de um apego. Pode ser que esse alguém seja capaz de corresponder a ele e nada mais, pode ser que não o faça sofrer, ou qualquer outra prova. Tudo depende das naturezas do apego e do seu objeto. Mas é claro que se pode ser um objeto adequado de um amor, mesmo que esse amor não seja bem-sucedido ou mesmo que haja outros com os quais se teria tido mais sorte se estivessem no lugar do primeiro, etc.

sa vida. Posso reconhecer os méritos da minha cidade e o valor de tomar parte em atividades de interesse público, mas apenas quando me dedico efetivamente a isso preocupando-me com a minha cidade e me envolvendo de fato na sua vida pública é que a minha cidade e o meu engajamento na sua vida tornam-se importantes para o êxito da minha própria vida. O significado pessoal dos objetos, das causas e das ocupações depende do seu significado impessoal e está condicionado a ele. Mas temos que nos apropriar das coisas de valor para dar significado à nossa vida, significado que é precondição do seu sucesso ou do seu fracasso. O nome que dou aqui a essas apropriações é apego; os apegos são os resultados do cativar que a Raposa explicou ao seu amigo.

2. O cativar: desejo ou história em comum

Mal influenciados pelos utilitaristas e por alguns economistas, podemos pensar que os nossos desejos investem de significado pessoal o que desejamos. Tendo aprendido a sua lição, o Pequeno Príncipe já não vai errar. Ao se dirigir às rosas do roseiral, ele diz:

> – Vós não sois absolutamente iguais à minha rosa, vós não sois nada ainda. Ninguém ainda vos cativou, nem cativastes a ninguém. (...) Sois belas, mas vazias (...). Não se pode morrer por vós. (...) [A minha rosa] sozinha é porém mais importante que vós todas, pois foi a ela que eu reguei. Foi a ela que pus sob a redoma. Foi a ela que pus sob o paravento. Foi dela que eu matei as larvas (...). Foi a ela que eu escutei queixar-se ou gabar-se, ou mesmo calar-se algumas vezes. É a minha rosa*.

O significado se dá por meio de uma história em comum e por meio do trabalho. Eles tornam singular o objeto

---

* Antoine de Saint-Exupéry, *op. cit.*, p. 72. (N. do T.)

de um apego qualquer. Não há de surpreendê-los o fato de que o significado venha junto com a responsabilidade e por meio dela. Ao assumirmos deveres, criamos apegos. Os deveres e as responsabilidades especiais, e não os direitos, é que são a chave para uma vida plena de significado, e são inseparáveis dela. Ao negarmos os nossos deveres, negamos o significado da nossa vida.

É claro que nem todos os deveres são assim. Nem todos provêm dos nossos apegos, da nossa parcialidade no tocante a certas coisas. Alguns deveres são independentes dos apegos. Como veremos no Capítulo 4 ao discutirmos o respeito pelas pessoas, alguns deles baseiam-se no valor impessoal das coisas e são uma precondição da nossa capacidade de adquirir apegos. Mas o significado pessoal depende dos apegos constituídos em parte pelos deveres que contraímos ao longo da nossa vida, conseqüentemente ao modo como ela se desdobra.

Por que os deveres e não os direitos? Porque os deveres envolvem responsabilidades e, portanto, comprometem a nossa vida como os direitos não a comprometem[7]. Somos passivos quanto aos nossos direitos, somos, até onde lhes diz respeito, os seus recebedores. Podemos nos beneficiar deles mesmo quando totalmente inconscientes da sua existência. É claro que também podemos obedecer aos nossos deveres sem tomarmos consciência deles. Mas isso normalmente significa apenas que não os consultamos nas nossas ponderações. Não paro para pensar sobre o meu dever de cuidar do meu filho quando cuido do meu filho. Não paro para pensar sobre o dever de não matar antes de dizer "olá" a uma pessoa sem matá-la. Não se conclui daí que o dever de cuidar do meu filho ou que a proibição de matar não moldem as minhas ações. Os deveres são razões para a ação. Eles podem moldar o ponto de vista das nossas opções mesmo quando não ponderamos ou não os consultamos

---

7. Cf. "Liberating Duties", em J. Raz, *Ethics in the Public Domain*, Oxford, Oxford University Press, 1995.

nas nossas ponderações. Para a maioria das pessoas, o nosso dever de não matar torna inconcebível a idéia de matar. Os nossos deveres eliminam muitas opções – excluem-nas do nosso horizonte mental. Esse é um modo de conduzir a nossa vida, talvez o modo mais profundo e mais intenso.

Os direitos também podem ter essa característica. Certos direitos determinam a posição social: reputam alguém um cidadão ou somente um membro da sociedade, e assim por diante. Estarmos cientes deles pode ser importante para atinarmos com quem somos. Entretanto, a menos que a posição social traga consigo os deveres, e portanto as responsabilidades, os direitos estão menos intimamente comprometidos com a nossa vida. Os nossos deveres definem as nossas identidades mais intensamente do que os nossos direitos. Eles estão entre os constituintes primordiais dos nossos apegos, entre os colaboradores fundamentais do sentido da nossa vida.

3. Que tipo de singularidade, quando e por quê?

O Pequeno Príncipe recobra o ânimo. A sua rosa não é perceptualmente singular, mas ela é singular sim, tornou-se singular por meio da história de amor entre os dois.

Devo confessar aqui um certo mal-estar com o modo pelo qual o Pequeno Príncipe resolveu a sua crise. Ele tem o que para mim pessoalmente é uma predileção insossa pelo estético etéreo, desencarnado. Muitos valorizam as pessoas e os objetos porque são perceptualmente singulares, isto é, fidedignamente identificáveis pela visão (em geral) ou pela audição, ou por um outro sentido. O Pequeno Príncipe resolve a sua crise rejeitando a importância da identificabilidade perceptual singular e, pode-se suspeitar, diminuindo a importância de todas as propriedades perceptuais e sensuais. De agora em diante, não lhe interessa se a sua rosa é visualmente indistinguível das outras. A história que ambos compartilham torna-a singular, e isso basta. Só posso dizer que isso talvez seja muito bom para ele, mas não precisa ser assim para todos.

Ele se apaixonou pela rosa em virtude da sua aparência e, ao descobrir que na sua aparência ela não é singular, percebe agora que se enganou e que o seu amor se baseava na sua história em comum. Esse tipo de transmutação do amor, o fato de que o amor sobreviva mesmo quando a sua autocompreensão se modifica, é comum e, longe de ser questionável, pode ser necessário nas condições em que vivemos. As relações duradouras não são, caracteristicamente, aquelas que permanecem imutáveis por muitos anos, mas aquelas que se modificam e vão adquirindo novos significados com o passar do tempo para substituir o valor que se desvaneceu, bem como aquelas que, embora fundadas em percepções equivocadas e enganos evidentes a respeito de si ou do outro, conservam a sua vitalidade, uma vez expostos os enganos, por meio de um melhor entendimento do que realmente significam para si e para o outro. As minhas ressalvas pessoais quanto ao novo entendimento que o Pequeno Príncipe adquiriu do seu amor têm a ver com a insinuação de que amar a rosa em virtude da sua aparência é algo superficial, ou mesmo que isso é uma base autofrustrante para o amor, que seria responsável por levá-lo à morte após a descoberta de que as outras são igualmente belas.

A vida de muitas pessoas é abundante de apegos amorosos a outras pessoas e a objetos com base na sua aparência ou em outras características perceptíveis. Sabemos que muitas amizades profundas e muitas relações amorosas são amalgamadas pela aparência, pelo cheiro ou pela sensação do contato com o outro. Em alguns meios, torce-se o nariz para isso. Mas não deveria ser assim. A aparência das pessoas, bem como todos os aspectos da sua sensualidade, estão entre as suas características mais importantes, a serem valorizadas por si mesmas e pelos outros[8].

---

8. A inclinação anti-sensual em alguns setores da cultura contemporânea se associa com a crença de que a aparência das pessoas e as suas demais

Mas o Pequeno Príncipe não tem razão quanto ao fato de que as características perceptuais das pessoas não lhes são singulares e que portanto não podem constituir a base de um apego, uma vez que os apegos pressupõem a singularidade? As qualidades perceptuais e sensuais podem *de facto* ser singulares ou singulares para todos os efeitos práticos, ou seja, é muito improvável que se repitam na experiência das pessoas em questão[9]. Tal singularidade *de facto* é não raro de vital importância para as pessoas, e por bons motivos[10]. É verdade, porém, que a singularidade lógica também pode ser importante, e uma história em comum é o único meio prático de assegurá-la.

A razão mais abstrata e básica para a importância da singularidade (lógica) é que os apegos, os apegos do tipo que estamos levando em consideração[11], referem-se a um

---

propriedades sensuais têm menos valor e que possuí-las não constitui nenhum mérito para quem as possui porque elas são um acaso da natureza e não um resultado da vontade ou da decisão de quem as possui (embora estranhamente muitos torçam ainda mais o nariz para o esforço daqueles que fazem tudo para melhorar a própria aparência). A falácia de que o mérito ou o merecimento provêm apenas da escolha ou da força de vontade é hoje um dos principais defeitos de grande parte do trabalho intelectual na área da ética e da filosofia política. Mas isso é assunto para uma outra oportunidade.

9. Na qual a nossa capacidade de discernir diferenças sob as chamadas condições normais determina o grau de similaridade que vai baldar uma alegação de singularidade.

10. De modo característico, esses motivos associam o fato de que a maioria das pessoas vale-se de propriedades perceptivas para o reconhecimento com o fato de que na nossa cultura o reconhecimento tem que ser claramente imediato ou vai provocar a perda de confiança no apego de ambas as partes (o fato de que esses pontos estejam sujeitos a exceções relativas a pessoas que sofrem de incapacidades perceptuais ou cognitivas não demonstra que não se apliquem àquelas que não sofrem dessas incapacidades). Isso está ligado com o valor especial que as propriedades perceptivas podem ter na relação.

11. Sugeri anteriormente que a explicação da Raposa sobre o cativar, sobre se apropriar de um valor universal e criar um significado pessoal, pode ser generalizada a todos os apegos, muito além das relações amorosas. Acredito que deva ser assim, mas a singularidade não desempenha um papel em todos eles. De modo característico, ela é importante quando o apego se refere a um objeto ou a uma pessoa. Em tais casos, o valor do apego muitas vezes pressupõe a singularidade do seu objeto, isto é, o valor do apego é afirmado

indivíduo particular, que é insubstituível. É claro que isso não significa que não se pode ter mais de um apego, mas apenas que os apegos são diferentes e não fungíveis. Nos casos em que uma pessoa tem um segundo filho depois que perdeu o primeiro ou em que uma pessoa se apaixona de novo depois que uma relação anterior amargou, um apego pode vir a preencher o vazio deixado pelo fenecimento do outro, mas nunca vai ser exatamente o mesmo, ainda que seja tão bom, ou melhor em tudo, quanto o outro.

A insubstituibilidade, é claro, depende de alguns aspectos. Todas as coisas são insubstituíveis em alguns aspectos e substituíveis em outros. Em muitos contextos, as reivindicações de insubstituibilidade dizem respeito ao valor do objeto supostamente insubstituível. Mas elas não significam que o objeto seja insubstituível porque o seu valor é maior do que qualquer possível substituto (na maioria das vezes, vai-se defender isso pela afirmação de que o objeto é "incomparável"). Podem significar que *em certo aspecto* o objeto é melhor do que qualquer possível substituto. Mas não raro significam algo bem diferente, ou seja, que há (ou havia) algo acerca do objeto que lhe empresta um valor especial, de tal modo que, embora alguns substitutos exeqüíveis possam ser tão bons ou até melhores do que ele, não vão ser exatamente os mesmos – não exatamente os mesmos naquilo que os torna bons ou valiosos e na maneira precisa pela qual eles são ou eram bons ou valiosos. É esse sentido que interessa para se entender por que a singularidade (lógica) é às vezes importante nos apegos.

Pensem no apego dos pais ao seu filho. Imaginem que esse apego seja razoavelmente bem-sucedido e pertencente a um tipo bastante comum. Aos olhos dos pais, o filho é insubstituível. Eles não precisam negar que, se esse filho

---

por uma relação singular do sujeito com aquele objeto particular. O mesmo não é característico quando se trata de apegos a causas ou a certos tipos de atividades. Algumas vezes o papel ou o lugar singular que ocupam na vida do sujeito são parte do seu valor. Mas com freqüência não são.

morresse, teriam outro, e que, pelo que sabem, a sua relação com o novo filho seria tão bem-sucedida e recompensadora quanto com o primeiro. Mesmo admitindo isso, aos seus olhos o filho continua sendo insubstituível. Esse sentimento não é simplesmente uma expressão do desejo de serem poupados da dor e da angústia de vivenciar a morte do filho e da ansiedade que os tomaria antes que o novo filho nascesse e o seu relacionamento com ele se mostrasse bem-sucedido. Suponhamos que tudo isso aconteceu e que agora, felizes com o seu novo filho, eles olhem para trás. Eles ainda consideram como singular o seu relacionamento com o primeiro filho, e julgam que esse filho era insubstituível. Havia algo especial no relacionamento com o falecido que o torna diferente, e diferente no modo como era bom, do relacionamento com o seu novo filho.

Tudo isso é compatível porque o relacionamento com o filho morto foi singular apenas *de facto*. Ele era constituído de muitos fatores, todos reproduzíveis em princípio, mas na verdade extremamente difíceis de se repetir. É possível que tal singularidade *de facto* seja tudo o que os pais valorizam. Não atipicamente, porém, não é disso que se trata. Não podemos verificar isso em situações realistas, mas não vamos nos surpreender se, defrontados com uma situação imaginária em que se substitui o seu filho por outro, de tal modo que todos os aspectos valiosos do filho e as suas relações com ele sejam repetidas, os pais recusarem essa opção, apoiados no fato de que o seu apego ao seu filho atual é singular e insubstituível. Se mesmo assim a substituição acontecer, eles vão lamentar a perda do seu primeiro filho, não obstante a chegada de um substituto igualmente bom[12]. Dada a artificialidade dessa situação, não queremos lhe dar muito peso. Embora não sejam incomuns, tais reações podem ser confusas ou, por outra, injustificadas.

---

12. Não imagino duas crianças qualitativamente idênticas. Isso levantaria outras questões, que não seriam pertinentes aqui. No exemplo em discussão, o filho substituto é simplesmente idêntico quanto às características benfazejas repetíveis-em-princípio (na vida dos pais).

Na verdade, não sustento que todos os relacionamentos com pessoas ou que todos os apegos a objetos precisam ser singulares para ser valiosos. Mas eles o são muitas vezes, o que pode ser visto pelo fato de que as características que os tornam (logicamente) singulares na vida das pessoas que os possuem constituem parte do seu valor. O primeiro filho foi o primeiro do casal, e isso torna especial o apego, isso lhe dá uma qualidade que nenhum outro pode ter para eles. Não que as relações com o primeiro filho sejam sempre boas. Elas podem ser ruins, e o filho, por ser o primeiro, pode piorar as coisas. Mas, quando o relacionamento com o filho é bom, o fato de ser o primeiro pode fazer parte daquilo que torna o relacionamento especial para os pais (e para a criança) e lhe dá uma qualidade especial, um valor especial que para eles é irrepetível, um valor que não pode ser descrito à exaustão em termos de propriedades que são em princípio repetíveis na vida do casal.

O objeto de um apego é singular se uma das suas propriedades, essencial para o valor que ele realmente possui, e que é responsável ao menos por parte do valor do apego a esse objeto, for de tal ordem que só possa ser instanciada uma única vez[13]. Essa é a explicação conceitual de por que

---

13. Observem que é ao objeto que estamos apegados, e não às características que tornam valioso o apego. Esse fato, porém, não resolve o problema da singularidade. É claro que o objeto tem uma propriedade particular e não geral. Mas, como vemos, estamos apegados a ele por uma ou por outra razão. O apego não é um fato que descobrimos a respeito de nós mesmos, e sim uma atitude que endossamos. (Embora, como já se disse, possamos estar obsessiva ou viciosamente apegados contra a nossa vontade ou sem entender o que nos mantém apegados a um objeto.) O problema da singularidade advém do fato de que temos razões para os apegos dos quais estamos falando, e essas razões são universais (ver mais no Capítulo 2 a seguir).

Isso não significa que a singularidade do objeto seja o que é valioso ou valorizado nele. Se fosse assim, o objeto e o apego a ele seriam substituíveis, uma vez que há outros objetos que são singulares. Se o que tivesse valor fosse ter um apego a um objeto singular, então outros teriam feito o mesmo. É antes a singularidade das propriedades valiosas do apego que o tornam insubstituível, valorize-se ou não a sua singularidade.

O modo de entender o valor singular de certos apegos pessoais que apresento aqui, isto é, por meio do valor das propriedades históricas, pode

o objeto é singular[14]. O que mais nos interessa é uma explicação psicológica sobre se, e nesse caso por quê, os apegos desse tipo são tão fundamentais para o significado da nossa vida, como suspeito que sejam. Infelizmente, não tenho nada de muito esclarecedor a dizer a respeito disso.

Os casos em que as características perceptuais de uma pessoa ou de um objeto estão no âmago do apego representam uma categoria especial. Dois elementos os discriminam. Primeiro, é importante para as pessoas em geral[15] o fato de serem perceptualmente capazes de identificar aquelas a quem estão apegadas. Segundo, as propriedades perceptuais não são singulares. Pessoas diferentes podem parecer a mesma, etc. A combinação dos dois elementos significa que alguns apegos perduram e se desenvolvem porque, realmente, o objeto do apego é singular na experiência da pessoa que está apegada a ele. Tais apegos seriam estraçalhados ou transformados se surgisse um objeto perceptualmente indistinguível. Descobrir que o objeto de uma determinada afeição possui um gêmeo idêntico perceptualmente indistinguível pode gerar uma grande tensão no relacionamento. A descoberta de que um quadro favorito é visualmente indistinguível de uma réplica também pode causar um efeito perturbador.

Em tais casos *de facto*, a singularidade perceptual também pode ser uma condição para a existência e o êxito do

---

granjear para si o sentido de que o que é singularmente valioso é o objeto – é o objeto sob aquela descrição histórica: o meu primeiro filho, isto é, o meu primeiro filho *qua* um primeiro filho, etc.

14. Isso também explica por que a exigência de singularidade não é vazia. Sem dúvida, tudo é singular de certo modo, mas os modos que contam são aqueles que contribuem para o valor do apego, e nem tudo é singular desse modo.

15. Há exceções a essa generalização: uma pessoa cega pode se apaixonar por outra pessoa cega em virtude da sua beleza, ainda que ambas não sejam capazes de se enxergar por si mesmas, assim como podem estar apegadas a um quadro em virtude da sua aparência, embora não sejam capazes de enxergá-lo.

apego. Mas essa exigência de singularidade perceptual *de facto*, isto é, de que uma pessoa seja perceptualmente capaz de identificar o objeto do seu apego entre os objetos no âmbito da sua experiência, é distinta da exigência básica de singularidade lógica antes mencionada, e se deve à natureza específica desses apegos. Ela é coerente com o fato de que a singularidade absoluta e não apenas *de facto* define esse tipo de apego, contanto que o objeto do apego possua propriedades valorativas adicionais que são singulares e contribuem para o valor do apego.

Nesse ponto, vem em nosso auxílio a explicação da Raposa. Valorizar os objetos pela sua aparência singular (*de facto*) não entra em conflito com a teoria dos apegos da Raposa. Os apegos a pessoas e a objetos são moldados pela história em comum, pela tomada de responsabilidade e tudo o mais. Mas alguns apegos *também* implicam valorizar a aparência singular *de facto* dos seus objetos.

Essa é uma autêntica solução para a crise? Ou a importância fundamental dos apegos pessoais apenas a torna ainda pior? Aprendemos que, de modo característico, os apegos pessoais a objetos extraem em parte o seu valor da singularidade do objeto ou do apego da pessoa ao objeto. Agora o Pequeno Príncipe está convencido de que, embora as rosas do roseiral sejam indistinguíveis da *sua* rosa no tocante às suas propriedades qualitativas intrínsecas – e espero que ele me perdoe essa expressão complicada –, ainda assim a sua rosa é singular, singular para ele. A sua singularidade não está nas suas propriedades qualitativas e intrínsecas. Ela depende do passado. Está nas ações e nas decisões passadas da rosa e do Pequeno Príncipe.

Os apegos pessoais emergem das nossas biografias e, quando o seu valor depende de características biográficas singulares, são singulares para cada um de nós. Essa é a solução do quebra-cabeça? Antes de mergulhar mais fundo, desloquemos a nossa atenção do pessoal para o público, porque, é claro, o problema da condição da singularidade se nos depara tanto na vida pública quanto na vida privada.

4. Uma diversão pública

A história pública tem dois lados, um tranqüilizador e outro preocupante. O lado tranqüilizador é que as ações passadas das pessoas podem ser, e muitas vezes são, honradas em atos públicos: por exemplo, os veteranos de guerra e os cônjuges são devidamente tratados de modo especial em virtude das suas ações passadas. O apego do Pequeno Príncipe à *sua* rosa merece reconhecimento público, porque a lei, ou, mais amplamente, o domínio público, pode admitir que todo apego, ou todo apego que atenda a certas condições, deve ser reconhecido como uma fonte de *status*, de direitos ou de responsabilidades.

Isso sossega um medo equivocado, quer dizer, o medo de que os apegos pessoais, sendo singulares, sejam arbitrários. Isso mostra que o reconhecimento do valor de apegos singulares vai ao encontro da condição de universalização, e que ele é inteligível: nós o entendemos porque podemos subordiná-lo a conceitos gerais, conceitos que explicam o que há de bom nele, o valor de tais apegos. Isso não é nenhuma surpresa: de modo informal, foi o que a Raposa e eu estávamos fazendo ao relacionar os apegos com o significado que a vida tem para as pessoas.

Ademais – um ponto não menos importante –, o reconhecimento público de apegos *pessoais* pode ser imparcial: cada apego é singular para cada indivíduo, mas outros apegos semelhantes em valor e significação podem existir e muitas vezes existem de fato na vida de outras pessoas. O domínio público pode conceder reconhecimento a todos esses apegos com imparcialidade.

Mas, já nos preocupando, podemos indagar: isso basta? A imparcialidade é resguardada no domínio público desde que o Estado – que menciono aqui como o agente que controla o domínio público, embora evidentemente outros agentes estejam envolvidos também – atue como um juiz imparcial, discreto e sem personalidade própria. Mas esse não é o modo pelo qual os Estados costumam atuar. Eles reputam a si mesmos como os depositários de uma herança nacional. Protegem os lugares históricos, os aspectos do meio ambiente, os tesouros culturais, as línguas e as obras nelas produzidas, e muito mais. Tomemos um exemplo distante, de modo que os nossos apegos pessoais não nos atrapalhem muito.

Vou falar sobre educação, embora considerações semelhantes possam aplicar-se a qualquer atividade cultural mantida, direta ou indiretamente, pelos nossos agentes públicos. Pär Lagerkvist, imagino eu, faz grande figura no currículo da Suécia. Suponho que se dê proeminência semelhante aos escritos de Frans Eemil Sillanpää na Finlândia*. Imaginem que haja um protesto exigindo o rebaixamento de Sillanpää em benefício de Lagerkvist, sob o pretexto de que o grande escritor é este último. Quando surgem disputas como essa, elas conduzem freqüentemente a discussões sobre quem é o grande romancista, quão objetivos são tais juízos e quais são os critérios do valor literário. Trata-se de questões meritórias e estimulantes, mas não precisam estar em jogo. Pode-se reconhecer que o grande escritor é Lagerkvist e ainda assim reagir contra a opinião de que Sillanpää deva ficar em segundo lugar, visto que – e com esse propósito eu sou finlandês – Sillanpää é dos nossos, enquanto Lagerkvist não é. Rejeitar essa alegação é sustentar que há um time de autores mundiais de primeira linha: Shakespeare, Goethe, Balzac, Tolstói, Proust ou seja lá quem for, que forneceriam subsídios para o currículo de qualquer lugar, não importa se Alemanha ou Albânia, e assim por diante. Essa atitude é a receita para a destruição das culturas e das tradições, para a imensa padronização da civilização, uma padronização até hoje só alcançada pelas grandes redes hoteleiras corporativistas: os Hiltons, os Holiday Inns e que tais.

---

* Frans Eemil Sillanpää (1888-1964), romancista, nasceu em Hämeenkyrö, Finlândia, e ganhou o Prêmio Nobel em 1939. Pär Fabian Lagerkvist (1891-1974), poeta, dramaturgo e romancista, nasceu em Växjö, Suécia, e também ganhou o Prêmio Nobel em 1951. (N. do T.)

5. Apegos e identidade

Mas o que há de errado com o sonho de uma cultura universal de grandes realizações? Por que Sillanpää deve ser ensinado na Finlândia só por ser finlandês? Responder a isso é entender o que é ser finlandês, sueco ou qualquer outra coisa[16]. Um ponto que nos devolve à conexão, até hoje negligenciada, entre o apego e a identidade. Assim, permitam-me passar de volta do público ao pessoal.

Podemos dar certas coisas por entendidas. Quando falo de "identidade", por exemplo, não tomo o termo no sentido de fixar os limites da continuidade de um objeto ou definir um objeto dentro de um tipo: essa pilha de toras de madeira da qual foi feito o barco de Teseu ainda é o barco de Teseu? Referimo-nos à identidade que se revela nas respostas à questão: quem sou eu? Eu sou um homem, um acadêmico, um pai, etc. Essas respostas me tornam o que eu sou. É a identidade de que trata a política de identidade, que é determinada, em parte, pelas nossas ações e decisões passadas. É a identidade que leva alguém a dizer: "Aqui estou eu, não posso ser outro", sabendo que poderia ser se quisesse, e no entanto falando a verdade. É uma verdade que pode ser empurrada para alguém, e não produzida por alguém. Para mim, ser judeu não é uma questão de escolha, tampouco ter a pele escura ou ser um homem. Mas alguns aspectos da identidade de uma pessoa são um produto da sua vida, seja por livre escolha ou não, tais como ser um imigrante ou um acadêmico. Aqui há distinções que já examinamos. Talvez estar apaixonado por esta rosa não faça parte da identidade do Pequeno Príncipe, mas estar apaixonado certamente faz[17]. Em geral, apenas os apegos mais

---

16. Notem que o argumento se aplica apenas aos aspectos de uma cultura que possuem um valor intrínseco, e somente na medida em que o possuem. Aqueles que possuem um valor instrumental podem não ser considerados como um bem cultural ou nacional. Portanto, o argumento não implica que ciências diferentes devam ser estudadas em países diferentes.

17. Como normalmente acontece com ser dessa ou daquela nacionalidade, etnia, etc.

abstratos de uma pessoa são formadores de identidade: o desejo de ter uma residência fixa ou ser um nômade pela vida afora, em vez de amar a residência atual ou as viagens atuais. Mesmo assim, é apenas uma questão de grau. Não há fronteira nítida entre os apegos formadores de identidade e os outros apegos.

Todos os aspectos da identidade de uma pessoa tornam-se uma força positiva na sua vida somente se compreendidos e aceitos como tais[18]. São as fontes do sentido dessa vida, e fontes de responsabilidades: as minhas responsabilidades especiais são as de um cidadão, um pai, um amante, um acadêmico. São normativos porque comprometem a nossa integridade. Precisamos ser verdadeiros para com quem somos, mesmo quando tentamos mudar. Assim, os apegos formadores de identidade são os princípios organizadores da nossa vida, da real bem como da imaginária. Dão-lhe tanto forma quanto significado. No conjunto, estão entre os determinantes da nossa individualidade. E, repetindo, dependem em parte do passado. Eu poderia ter sido um advogado, ter ficado no meu país de origem, e assim por diante. Provavelmente isso não me faria mal nenhum, mas eu teria sido diferente. A minha vida teria um significado diferente, e teria que atender a outras responsabilidades. Negar o nosso passado é trair a nós mesmos. Essa é uma justificativa suficiente para a nossa dependência em relação ao nosso passado.

6. Identidade de grupo

Voltemo-nos aos grupos, aos grupos nacionais ou a outros grupos. Eles também têm uma identidade que é determinada pelas suas ações e tradições; uma identidade defi-

---

18. Embora de outro modo, os aspectos da própria identidade que uma pessoa deseja mudar desempenham um papel diferente mas não menos importante na sua vida.

nida pela sua cultura, pela sua memória coletiva e pelas suas responsabilidades comuns, as quais advêm delas. As identidades coletivas, assim como os caracteres individuais, tendem a ser uma mistura do bom, do ruim e do indiferente. O nosso interesse, porém, não recai sobre as identidades de grupo em si mesmas, mas sobre o papel que desempenham na vida dos indivíduos, e especialmente sobre o fato de que contribuem para a identidade individual. Não se trata de nenhum fetichismo pelo grupo, de nenhuma valorização de entidades místicas coletivas à custa de uma preocupação pelos seres humanos. Trata-se do reconhecimento de que a identidade pessoal e o significado pessoal dependem de uma associação de pessoas pertencentes a uma vasta gama de grupos, nacionais, religiosos, profissionais, entre outros, e da sua identificação com eles[19].

Assim, deveríamos ser capazes de tomar toda uma série de decisões em matéria de educação e cultura, com as suas consideráveis implicações econômicas, entre outras, por razões deste tipo: manter e desenvolver a "nossa" cultura e as "nossas" tradições. "Qual é o problema?" É o que espero que vocês estejam se perguntando. Porque certamente tomamos tais decisões por essas mesmas razões todos os dias da semana, e, como acabei de discutir, ao fazê-lo servimos ao interesse das pessoas que estão relacionadas com as causas às quais as nossas decisões servem. Essas decisões são como quaisquer outras: fundadas na necessidade de servir ao interesse das pessoas. São comparáveis ao estabelecimento de um serviço gratuito de saúde que atenda às necessidades sanitárias das pessoas. Mas esse ponto de vista é elementar demais. Ele ignora tanto algumas das conseqüências quanto algumas das razões para a ação

---

19. Não se deve confundir identificação com aprovação. Assim como a associação, também a identificação pode ser uma condição que abre caminho para a mais virulenta crítica do grupo. Ninguém se importa mais com o grupo do que os seus membros e aqueles que se identificam com ele. Isso por si só costuma ser reconhecido como algo que os qualifica a ser críticos de um modo que os de fora não têm direito de ser.

em apoio aos apegos. Esse tipo de ação serve de fato aos interesses das pessoas que possuem os apegos, mas igualmente tende a perpetuá-los, a fomentar circunstâncias que provavelmente vão suscitar apegos semelhantes nos jovens e em outras pessoas. Ademais, as razões pelas quais as pessoas apóiam as causas às quais estão ligadas não são inteiramente instrumentais. Elas acreditam no valor dessas causas e as apóiam em virtude dessas crenças, como algo que é intrinsecamente correto ou bom. Até certo ponto, precisam fazê-lo, porque o seu apego a essas causas inclui uma necessidade de se expressarem, muitas vezes no domínio público, por meio da ação que fomenta essas causas.

Evidentemente, a ação que apóia diversos apegos no domínio público pode ser moderada em consideração aos direitos e aos interesses dos outros. Mas as razões primeiras para que as pessoas apóiem causas não são imparciais. Buscamos esses apegos porque são nossos apegos, apegos em cujo valor acreditamos. O Estado ou outros grupos, como agentes apartados dos seus membros, atuam em nome dos seus membros e por razões que são razões válidas para os seus membros. Assim, atuam para promover aquilo a que os seus membros ou, se preferirem, aquilo a que eles mesmos estão ligados, em virtude dos seus apegos e em virtude da sua crença no valor desses apegos.

Muitos consideram natural essa idéia, enquanto outros sentem-se incomodados por ela. Estes últimos afirmam que essa idéia preserva uma tradição apenas porque ela existe. É conservadora e não pode ser defendida racionalmente. No domínio público, deparamo-nos com uma crise análoga à crise pessoal vivida pelo Pequeno Príncipe na sua chegada ao roseiral.

7. Um exemplo israelense para reduzir o mal-estar

Antes de nos defrontarmos com esse ponto, podemos reduzir o mal-estar em relação a ele. Há limites para o papel de tais considerações, para o papel legítimo que elas desempenham nas decisões públicas. O seguinte exemplo vem muito a propósito[20]. Uma lei israelense fundamental afirma que o Estado de Israel é um Estado judeu. Os tribunais israelenses lutaram contra as implicações da lei para colocá-la em prática. O presidente do Supremo Tribunal, Senhor Juiz Barak, disse que um Estado judeu significa um Estado que abraça os valores que o judaísmo deu ao mundo, ou seja (passo a citar), "o amor à humanidade, a inviolabilidade da vida, a justiça social, a igualdade, a proteção da dignidade humana, o governo da lei sobre a legislação, etc." Penso que ele deu ao estatuto a sua única interpretação aceitável. Observem que, nesse mesmo sentido, a França também pode constituir um Estado judeu. Ela também pode abraçar os valores que o judaísmo deu ao mundo, ou seja, o amor à humanidade, a inviolabilidade da vida, a justiça social, a igualdade, a proteção da dignidade humana, o governo da lei sobre a legislação, etc. Na verdade, pode-se dizer que nesse sentido nenhum Estado é moralmente bom a não ser que seja um Estado judeu. Isso mostra que Barak adotou a interpretação errada? Ele não esvaziou o significado desse artigo legal? Não e sim. Ele esvaziou o significado da lei, mas era o que tinha que ser feito. Seria errado supor que, além de seguir a justiça, a igualdade, a dignidade e outros valores universais, a lei israelense devesse seguir certos valores adicionais *especificamente judeus*, que poderiam entrar em conflito com a justiça ou com os outros valores e comprometê-los. É claro que, na medida em que os valores universais que Barak menciona, entre outros, não prescrevem exclusivamente uma maneira correta de organizar as instituições sociais e as relações humanas – nisso eles sempre falham e abrem grandes áreas discricionárias –, Israel deve seguir as suas próprias tradições. Mas isso não é

---

20. Faço aqui um empréstimo da minha discussão sobre o mesmo exemplo, presente na minha contribuição a M. Walzer, M. Loberbaum e N. J. Zohar (orgs.), *The Jewish Political Tradition*, vol. I, pp. 509-14, New Haven, Yale University Press, 2000.

a mesma coisa que contar com tais tradições à custa dos valores éticos. Tampouco é a mesma coisa que dar preferência às tradições de um grupo da sua população em detrimento das tradições de outro grupo.

8. Em conclusão

Algumas pessoas ainda vão colocar em dúvida a defensibilidade racional de contar com as tradições na esfera pública e com os apegos pessoais na esfera privada. Qual o motivo do seu mal-estar? Tentei restabelecer a confiança salientando que aqui não há nenhuma ameaça à exigência da universalização dos juízos de valor. No sentido de que é uma exigência válida, é uma precondição de inteligibilidade e racionalidade. Reflete a idéia de que qualquer coisa que tenha valor pode ser explicada por ser assim sem o uso de referências específicas. O que é bom nos apegos e nas tradições pode ser explicado desse modo. Por isso, nenhuma preocupação com a racionalidade dos apegos aflige o Pequeno Príncipe. Os apegos concretos são bons para aqueles que os possuem; o seu valor está dentro da esfera do significado pessoal. A singularidade de um objeto ou de uma busca instituída por um apego é a singularidade relativa a uma dada pessoa, e não a singularidade avaliada de modo impessoal.

Então, qual é o problema? Algumas pessoas podem se sentir incomodadas pelas considerações que remetem ao argumento de "um pensamento a mais", de Bernard Williams[21]. A casa está pegando fogo, o seu namorado está em um quarto e uma segunda pessoa em outro. Você entra correndo e salva o seu namorado. Para estar certo, o seu raciocínio não teve que ser: agindo assim, não só vou salvar uma vida como também um relacionamento valioso, um apego

---

21. Ver B. Williams em J. J. C. Smart e B. Williams, *Utilitarianism: For and Against*, Londres, Cambridge University Press, 1973.

valioso (e não sei se o mesmo vai ser verdadeiro se eu salvar antes a outra pessoa)? Certamente que não. Ter pensado assim é ter tido um pensamento a mais, diz Williams, e isso diminui a pureza do seu apego ao seu namorado. E ele tem razão quanto ao modo de pensar, à hesitação e à necessidade de examinar o argumento dentro da mente de alguém. Mas ele tem razão quanto ao conhecimento? Não acontece às vezes que as exigências dos outros predominam sobre o chamado dos apegos de uma pessoa, e um agente racional tem conhecimento implícito de quando é e quando não é assim, um conhecimento com o qual ele conta sem deliberação, um conhecimento que norteia a sua ação inteiramente instintiva? O problema de Williams não deveria nos incomodar. Algo deveria?

O significado pessoal emerge da nossa história pessoal e coletiva sob formas que desafiam dois extremos. Elas desafiam a crença nos valores universais imutáveis e desafiam o sonho da autocriação sem grilhões. O significado pessoal emerge da construção de apegos a objetos adequados a tais relacionamentos: o amor degrada a quem ama se aplicado a um objeto que não vale a pena, a admiração é ridícula se dirigida a um lugar comum, o respeito é pervertido quando aqueles a quem se respeita não o merecem. John, do seriado *Ally McBeal*, não apenas parece ridículo. Ele é ridículo quando entrega o seu amor a um sapo. Mas, embora precisem achar objetos dignos de ser valiosos, os apegos também elevam o valor dos seus objetos, tornam-nos especiais e (no caso de apegos a pessoas e a objetos) singulares para aqueles cuja história os vincula desse modo.

Sinto que a necessidade de manter esse equilíbrio entre o valor preexistente e o valor autocriado é que é uma importante fonte do mal-estar em relação à idéia de que o valor, do modo como aparece no significado pessoal, é moldado historicamente. Tendemos a guinar para o extremo da imutabilidade e da independência completas do valor ou para o extremo da autocriação do valor, ao passo que a verdade é que o valor não é nenhum deles e ambos.

2. Universalidade e diferença

No capítulo anterior, examinei uma das fontes de dúvida sobre a universalidade do valor. Para falar de modo genérico, muitos acreditam que, entre aquilo que mais nos importa, estão os apegos que são singulares devido à singularidade dos seus objetos. O valor desses apegos também é singular. Eles possuem o valor que possuem porque possuem os objetos que possuem. Uma vez que os seus objetos são singulares, o seu valor também o é. Mas a universalidade do valor é incompatível com a idéia de que o valor é singular. Ou é aí que está o cerne da questão.

Reconheci a importância da singularidade nas nossas vidas, especialmente nas relações com as pessoas que nos são queridas e com certos objetos. Mas descartei a idéia de que ela é incompatível com qualquer ponto de vista razoável a respeito da universalidade dos valores. Contei com a distinção entre o valor das coisas e o valor que elas têm para nós, que denominei também de "significado pessoal". Os significados pessoais podem depender da singularidade relativa a nós do objeto dos nossos apegos. Mas isso é coerente com o fato de que o valor desses apegos, sendo distinto do valor que eles têm para nós, é universal. O valor que esses apegos têm para nós repousa nas suas propriedades, incluindo as propriedades dos seus objetos e das suas relações conosco, que os tornam singulares na nossa vida, às vezes singulares *de facto* e às vezes necessariamente singulares. Isso não quer dizer que o que é importante ou significativo para nós é ter um relacionamento ou um objeto singulares[1]. Antes, quer dizer que o valor do objeto ou do apego repousa, para nós, numa propriedade complexa ou num conjunto de propriedades destes, incluindo algumas que os tornam singulares, e é aí que esse fato atua no sentido de torná-los significativos e valiosos para nós. Isso pode ser assim porque é geralmente e, se preferirem, impessoalmente valioso o fato de que as pessoas devam ter relacionamentos e apegos a objetos que detêm essas propriedades. Essa conciliação explica de que modo o *valor* dos nossos apegos explica o valor que têm *para nós*. O seu *valor* torna os nossos apegos inteligíveis para nós e para qualquer outra pessoa.

O principal desafio à universalidade do valor vem de outro lado. Dei a entender que se trata de um subproduto teórico da legitimação da diferença. Deve-se às incessantes e aborrecidas dúvidas colocadas pela discordância quanto ao valor e pela diversidade dos valores com que as pessoas lidam.

Vou começar por definir uma tese universalista, apresentando um argumento elementar para ela. Vou então examinar em que medida essa tese falha em se adequar a alguns pontos de vista comuns sobre as implicações do universalismo do valor e sobre o grau de pluralismo a que ele pode atender.

A título de introdução: vou sustentar que os valores são universais, dada uma tênue compreensão da universalidade, e que isso é uma qualidade concomitante da inteligibilidade dos valores, ou seja, da possibilidade de explicar e vir a entender o que é bom a respeito de qualquer propriedade benfazeja. Até aí, a universalidade dos valores é um traço essencial de todos os valores, uma parte do que deve ser uma propriedade benfazeja. No entanto, é corren-

---

1. Embora às vezes também possa ser assim.

te uma compreensão muito mais intricada da universalidade, que vem à baila quando se fala sobre a universalidade dos direitos humanos, por exemplo, e que é aplicada aos valores, ou pelo menos aos valores morais em geral. Assim entendido, o preceito da universalidade do valor é mal definido. É difícil, e provavelmente impossível, fornecer uma caracterização abstrata sua como um traço geral dos valores ou dos valores morais. Antes, ela é invocada como parte de um argumento contra a existência de alguns valores morais, ou contra a validade de alguns supostos princípios morais, os quais são considerados não universais. Para o nosso objetivo, não importa se a invocação da universalidade dos valores morais é bem-sucedida e convincente quando assim entendida contextualmente e em relação a uma variedade de argumentos morais específicos. O que importa é que ela não deve ser confundida com nenhuma propriedade essencial dos valores ou dos valores morais, e que portanto não pode ser usada como parte de um argumento geral contra o pluralismo do valor.

1. A tese

O valor

Uma palavra preliminar sobre o valor. O uso que faço do termo é francamente inflacionário. Toda propriedade que (necessariamente) torne boa (ou má) qualquer coisa que a possua é, pelo menos até certo ponto, uma propriedade valorativa, que representa algum valor[2]. De modo um pouco mais informativo, embora menos exato, poderíamos di-

---

2. Essa caracterização é incoerente com alguns pontos de vista sobre a natureza dos valores. Jonathan Dancy (em *Moral Reasons*, Oxford, Blackwell, 1993), por exemplo, nega que existam quaisquer propriedades benfazejas ou malfazejas destituídas de exceções. Argumentei contra o seu ponto de vista em *Engaging Reason*, Oxford, Oxford University Press, 2000, Capítulo 10.

zer que toda propriedade cuja presença em um item (ação, pessoa, instituição ou qualquer outra coisa) pode por si só tornar inteligíveis ou justificados uma ação, uma escolha, um juízo ou uma preferência positivos ou negativos é uma propriedade valorativa[3]. O bem-estar e a comodidade são valores, e não apenas a liberdade e a felicidade. Ademais, não temos substantivos abstratos para dar nome a muitas propriedades valorativas, mas tais propriedades vão estar também no raio desta investigação. O frêmito que sentimos, por exemplo, ao assistir a um filme de ação tenso e bem realizado é um valor, segundo o modo como essa noção é entendida aqui.

Esse uso "inflacionário" de "valor" não deve ser julgado pela sua adequação lingüística, e sim pelo seu objetivo teórico, que vai emergir à medida que o argumento for se

---

3. Alguns esclarecimentos adicionais: (a) as propriedades valorativas incluem aquelas que tornam o objeto não mais, e sim menos valioso. Para simplificar, vou me referir normalmente apenas às propriedades valorativas positivas, mas a maioria dos pontos, feitas as mudanças óbvias, aplica-se a ambas. (b) A caracterização não serve como definição, se por esta entende-se algum tipo de explicação canônica do conceito. Trata-se somente de um meio de capacitar as pessoas que possuem um domínio médio da linguagem a distinguirem o que se quer dizer. (c) O que se quer dizer com "por si só" nessa caracterização é, evidentemente, tão importante quanto obscuro. Pretendo excluir as propriedades cuja contribuição única para o valor do seu possuidor é o fato de que a sua posse está associada, no contexto, a outras que imbuem de valor o seu objeto. O fato de que uma substância é aquosa está normalmente associado à propriedade de ser capaz de matar a sede, o que a torna boa, porque pode ser usada para aliviar o mal-estar causado pela sede. Mas, dessas propriedades, apenas a capacidade de aliviar o mal-estar é que por si só imbui a água de valor. As outras propriedades o fazem somente por meio da sua associação com ela (ou com alguma outra propriedade valorativa). (d) A caracterização precisa ser coerente com o fato de que os valores podem fornecer razões apenas condicionalmente: que uma cadeira seja confortável eleva o seu valor, ainda que uma razão para se pensar nisso surja somente se alguém tiver uma razão para se sentar em primeiro lugar. (e) Por fim, as propriedades são valorativas mesmo que o seu aspecto "valorativo" dependa de algumas condições básicas de normalidade; a maioria dos valores, por exemplo, deixaria de fazer sentido se o mundo fosse acabar daqui a cinco minutos. Mas isso não prova que eles não são valores.

desenvolvendo, um objetivo que, por sua vez, deve orientar a elucidação dos contornos dessa noção além da caracterização indistinta apresentada aqui à guisa de esclarecimento inicial. Pelo menos muito disso já está claro: o propósito é caracterizar uma categoria de propriedades para as quais não temos um nome pronto. Os filósofos falam às vezes da categoria do bem para tentar apreendê-la, ou simplesmente de propriedades valorativas, ambas sendo usos estipulados desses termos. Ademais, elas são usadas às vezes em sentido mais restrito para distinguir certas propriedades de valor de outras, por exemplo, para distingui-las das virtudes ou de propriedades deontológicas, que são tidas como exteriores ao bem ou às propriedades valorativas. Para os objetivos da presente discussão, necessitamos de uma noção totalmente abrangente das propriedades de valor[4].

---

4. A discussão do capítulo passado ressaltou quão "inflacionário" é o uso que faço de "valor". Ela também ressaltou algumas das considerações que militam em defesa desse modo de compreender o valor. Esse modo se impõe a qualquer pessoa que acredite que um relacionamento deva ser indubitavelmente singular na sua vida (ainda que singular apenas de fato). Tal idéia mostra que o valor do relacionamento difere, mesmo que sutilmente, do valor de qualquer outro relacionamento que essa pessoa possa manter pelo menos de fato. Isso equivale a afirmar a existência de uma propriedade benfazeja complexa mas nítida.

Uma questão interessante é saber se os valores podem ser singulares, no sentido de que em princípio apenas um só objeto seja capaz de instanciá-los. Algumas versões do particularismo moral, especialmente aquelas que às vezes são chamadas de éticas situacionais, afirmam que sim, que todos os valores morais são singulares: o que faz com que uma situação seja tal que uma determinada ação seja melhor para um agente nela contido é um produto de tudo o que é relativo a essa situação em toda a sua particularidade. (Há versões epistêmicas de situações assim, nas quais simplesmente não podemos saber que característica faz com que uma reação ou outra seja exigida.) Portanto, não há nenhuma propriedade geral que faça com que uma reação específica seja adequada (a versão epistêmica diz apenas que não podemos saber o que é). Mas a possibilidade de propriedades valorativas singulares também pode ser reconhecida por não-particularistas.

A tese

A alegação de que os valores são universais, evidentemente, é uma velha conhecida. Sempre foi tão contestada quanto confirmada pelos séculos afora. O que isso significa? A tese a ser discutida aqui não pode pretender ser fiel a todas as teses historicamente importantes sobre a universalidade dos valores. No entanto, apreende pelo menos uma das motivações importantes de todas elas, e essa motivação determina o seu alcance e a sua natureza. Vamos tratar dessa motivação mais adiante. Para começar, podemos formular a tese simplesmente da seguinte maneira:

Todos os valores ou são universais ou são subordináveis a valores universais.

Um determinado valor é subordinável a outro se a única razão pela qual ele é uma propriedade benfazeja é que a sua posse necessariamente passa a instanciar a posse de outra propriedade mais geral, que é uma propriedade benfazeja e cuja posse fornece uma explicação normativamente completa de por que a propriedade subordinada é benfazeja[5].

---

5. A noção de uma "explicação normativamente completa" pode confundir. Acredito que as condições para que qualquer explicação seja satisfatória são uma parte do seu objetivo e do seu contexto. Não há explicações canonicamente ideais nem explicações terminantes, isto é, as que são dadas de tal modo que aqueles que as entendem não podem (não podem logicamente) solicitar legitimamente explicações adicionais. No entanto, entre as explicações satisfatórias, isto é, as explicações que são verdadeiras e atendem razoavelmente às necessidades do contexto e do objetivo, algumas podem ser chamadas de normativamente completas no seguinte sentido: uma explicação é normativamente completa se as únicas solicitações de explicações e esclarecimentos adicionais no tocante à sua suficiência normativa se relacionam com a verdade das suas premissas normativas ou valorativas, isto é, se, na medida em que a sua suficiência depende das suas proposições valorativas, ela não é colocada em dúvida por ninguém que a entende e que acredita na verdade das suas proposições normativas.

O argumento central: valor e inteligibilidade

A universalidade dos valores, como vou argumentar, é um aspecto da sua inteligibilidade. Para começar com o que espero ser uma explicação intuitiva do argumento, imaginem que uma amiga minha faça o seguinte comentário de um filme: "Hoje o filme está muito bom."Ligeiramente espantado, pergunto: "E como estava ontem?" "Oh", responde ela, "ontem estava terrível, muito ruim mesmo."Agora já intrigado, pergunto: "Você quer dizer que o filme (o meio no qual o filme é registrado) estragou-se de repente, ou que a ocorrência de um massacre fez com que ficasse impossível acharmos graça nas piadas do filme sobre massacres?" "Por que você acha que alguma coisa deve ter acontecido?", retruca a minha amiga. "Não aconteceu nada de importante. O filme apenas já não é tão bom, na verdade agora ficou muito ruim." A essa altura já não entendo mais nada do que estou ouvindo. É impossível que alguma coisa adquira ou perca valor (isto é, a posse de uma propriedade benfazeja ou malfazeja), a menos que aconteça alguma coisa capaz de explicar a mudança.

Esse diálogo nos ajuda a ressaltar dois pontos: primeiro, acreditamos ter o direito de supor que qualquer mudança no valor, e exemplos semelhantes vão mostrar que a suposição se estende para qualquer estado valorativo, pode ser explicada. Ou seja, acreditamos *a priori* que há uma explicação sobre o que é bom no tocante a objetos, estados ou eventos, e sobre o que foi responsável por qualquer mudança no seu valor quando eles mudam de qualidade. Segundo, as explicações do valor dependem de características universais. As diferenças de valor são arbitrárias e inexplicáveis quando se devem apenas a uma diferença de tempo ou lugar, ou a qualquer outro aspecto de uma situação que pode ser distinguido apenas com base numa referência específica. Que de duas coisas uma esteja aqui em vez de estar lá, que uma coisa pertença a John em vez de pertencer a Jane, isso não é capaz de explicar as diferenças no valor dessas coisas. Tampouco é capaz de fazê-lo o fato de que de dois eventos um aconteça hoje em vez de acontecer ontem. As diferenças não-universais não são capazes de explicar as diferenças valorativas entre as coisas ou os eventos. Nem todas as diferenças universais tornam inteligível uma diferença no valor, mas somente os traços universais podem torná-la inteligível. A universalidade do valor é, de acordo com esse argumento, um aspecto do fato de que o domínio do valorativo é inteligível do princípio ao fim, ou seja, repetindo, que o caráter valorativo de objetos, eventos, estados e que tais sempre pode ser explicado.

Pode-se argumentar que não temos o direito de dar por certo que existam explicações de por que os eventos não-valorativos acontecem ou por que as coisas são como são, do modo como temos o direito de acreditar que existam explicações para os eventos ou os estados valorativos. Pode-se argumentar que, dentro dos domínios não-valorativos, deveríamos estar dispostos em princípio a aceitar que os fatos ou os eventos apenas são como são e que nada pode explicar por que são assim. Acreditamos, talvez justificadamente, que compreendemos amplas áreas do mundo natural, e que essa compreensão nos dá base para esperar que as explicações dos eventos e dos estados dentro dos domínios bem compreendidos sejam acessíveis. No entanto, mesmo aí podemos estar enganados. Além disso, em alguns domínios o nosso conhecimento atual não justifica a suposição de que todas as mudanças podem ser explicadas[6]. Saber se a crença na disponibilidade de uma explicação se justifica ou não, quando o que se explica é um evento ou um estado não-valorativo, parece ser uma questão empírica.

Se essa diferença existe, ou seja, se podemos saber *a priori* que há explicações para os eventos e os estados valorativos, ao passo que não temos nenhum conhecimento desse tipo sobre a disponibilidade das explicações para os

---

6. Trata-se de outra questão saber se é sempre razoável ou não levar adiante a hipótese de trabalho de que todas as mudanças podem ser explicadas.

estados e os eventos não-valorativos, então isso é uma conseqüência do caráter especial das explicações valorativas. Mas isso também precisa ter relação com as propriedades ontológicas e o *status* das propriedades valorativas: elas são passíveis de ser entendidas e de ser explicadas[7]. Há explicações valorativas para os estados e os eventos valorativos. Podemos explicar não só como o filme foi feito, como o dinheiro foi levantado, como a câmera foi operada, como os atores foram dirigidos, etc. Também podemos explicar o que é que nele o torna bom ou ruim, de que modo ele é bom ou ruim. Podemos tornar o seu valor transparente para nós, inteligível para nós, e podemos fazê-lo dando explicações valorativas não-redutoras das suas qualidades valorativas.

Mesmo quando podemos explicar os fenômenos não-valorativos, talvez não sejamos capazes de explicar por que as leis da natureza, ou os mecanismos causais em que se fiam as explicações, são como são. Podemos levar as coisas um passo adiante: não só aceitamos que talvez não exista nenhuma explicação para as leis da natureza, ou para os mecanismos causais que explicam as mudanças no mundo, mas também não entendemos como seria explicar todas elas. Algumas leis e alguns mecanismos podem ser instâncias de outros mais gerais. Mas nem todas as leis e todos os meca-

---

7. Pode-se pensar que a segunda condição, a de que elas podem ser explicadas, vá mais longe do que a primeira, a de que elas podem ser entendidas. Mas isso não é inteiramente claro. A afirmação de que o valorativo pode ser explicado implica, evidentemente, que há explicações satisfatórias que podem ser entendidas por criaturas inteligentes. Alguma coisa pode ser entendida sem que haja uma explicação disponível para ela? Pode-se pensar que tem de ser assim, porque o entendimento não implica a capacidade de articulá-lo em palavras. Mas não se conclui do fato de que posso entender o que não posso explicar o fato de que o que não posso explicar não pode ser explicado. Ademais, a explicação talvez seja coerente com o que normalmente queremos dizer quando afirmamos que não conseguimos formular o que entendemos. O que pode consistir em pouco mais do que dizer: é assim, e apontar para um fenômeno análogo, por exemplo. Isso talvez ajude as pessoas a entenderem o que não entenderam antes. Evidentemente, pressupõe-se que já entenderam muita coisa. Mas isso geralmente vale para a maioria das explicações.

nismos causais podem ser instâncias de outros mais abstratos. Em algum momento, atinge-se o limite. Essas são simplesmente as leis da natureza, e não há nenhum "por quê?" a respeito delas. A questão não faz sentido porque não acreditamos que exista algo que poderia valer como resposta.

Não é assim com as questões valorativas. Tendo em vista qualquer propriedade benfazeja, do tipo das que usamos para explicar por que as coisas são boas ou ruins e de que modo ou até que ponto o são, é sempre possível perguntar se se trata realmente de uma propriedade benfazeja. O que a faz ser assim? Por que ela é assim? Etc. Essas perguntas são sempre pertinentes, e há respostas certas para todas elas (embora, é claro, nem sempre as conheçamos). O valor é racional ou inteligível do princípio ao fim. Não existem fatos valorativos brutos, não existe nenhum "as coisas são como são", como existem, ou pelo menos podem existir, fatos brutos não-valorativos.

Uma idéia que às vezes cria resistência a esse ponto de vista consiste num resquício de modelos axiomáticos de explicação. Ele pode assumir a seguinte forma: aparentemente, para entender alguma coisa, necessita-se de uma explicação. Uma explicação, porém, pressupõe que o seu destinatário possa entendê-la, caso contrário torna-se inútil. Isso conduz a um círculo vicioso? Não, porque sabemos que podemos entender o que não podemos explicar. O entendimento vem primeiro, e todas as explicações pressupõem isso. Portanto, nem tudo o que pode ser entendido pode ser explicado.

Esse argumento é falacioso. Ele supõe uma progressão linear que vai do entendimento à explicação, daí a outro entendimento, que leva a outras explicações, etc. Nada se sustenta nessa idéia. Ela talvez seja motivada por uma preocupação a respeito de como tudo começou. Como entendemos a primeira explicação que nos foi apresentada se não temos um entendimento baseado em nenhuma explicação e somos incapazes de qualquer explicação? A resposta (especulativa, mas razoável) é que evoluímos em *tandem* de um entendimento imperfeito e de explicações não completamente entendidas para um melhor entendimento e para explicações mais bem entendidas. Ninguém está afirmando que adquirimos entendimento apenas por meio de explicações. Só que a questão sobre o que vem primeiro está equivocada porque ignora o fato de que possivelmente nada vem primeiro. Ela indaga de onde obtemos o entendimento (suficiente) para compreendermos a primeira explicação e nos beneficiarmos dela. A resposta é que (muito provavelmente) não o temos. O mais provável é que tenhamos entendido a primeira explicação apenas indistintamente, mas isso talvez já tenha sido o bastante para aprimorar um pouco o nosso entendimento, e então seguimos a partir daí. É igualmente possível que não tivéssemos nenhum entendimento (do tipo significativo)[8] antes de nos depararmos com a primeira explicação e que isso tenha nos ajudado a adquirir um vislumbre de entendimento, para então seguirmos a partir daí. Filosoficamente, o ponto importante é que, embora a explicação e o entendimento sejam interdependentes e um aprimore o outro (ou a capacidade de ter o outro), entre ambos não há nenhuma prioridade epistêmica rigorosa, isto é, não se trata de que precisamos ter o entendimento de algo que não pode ser explicado para entendermos a explicação de algo.

Isso pode fazer surgir uma outra preocupação: talvez existam certas explicações que não podem explicar, visto que, se você precisa delas, não entende o bastante para entendê-las e, se você é capaz de entendê-las, não precisa delas, elas não *explicam* nada do que você já não tenha entendido antes. Se for assim, na melhor das hipóteses é enganoso chamá-las de explicações só porque assumem a forma que as explicações costumam assumir. Para exemplificar esse ponto, imaginem que alguém pergunte:

---

8. Porque é óbvio que tínhamos o entendimento de alguma coisa.

P. O que há de mau em sentir prazer de fazer com que os outros sofram?

Alguns acham que a atrocidade de sentir prazer em fazer com que os outros sofram é um fato moral irracional e extremo, que não admite explicação. Mas acho que o que se segue é uma resposta explicativa:

E. Ao sentir prazer com o sofrimento alheio, uma pessoa demonstra insensibilidade e falta de consideração por esse sofrimento, o que é particularmente repreensível se a própria pessoa é a causa dele e poderia tê-lo evitado.

Não diria que essa é a única explicação possível ou a mais adequada, mas apenas que, dependendo do que esteja perturbando o inquiridor, essa pode ser uma explicação satisfatória. Mas não é verdade que, se o inquiridor já não conhece a resposta à sua pergunta, a explicação não vai ajudá-lo? Ele vai continuar não convencido. Segundo a objeção, não há nada que possamos lhe dizer para explicar por que sentir prazer em fazer com que os outros sofram é mau.

A plausibilidade da objeção depende de um ponto de vista simplório sobre as falhas do entendimento, que são muitas vezes falhas em fazer conexões. Quando a conexão parece muito óbvia, fica a impressão de que não se poderia deixar de ter consciência dela. Mas não é assim. Mesmo as conexões mais elementares podem passar despercebidas, e as explicações podem ser úteis em princípio para chamar a atenção sobre elas. Uma outra objeção à eficácia das explicações pode agora insinuar-se por si mesma: estou supondo que é sempre possível convencer alguém que esteja disposto a ouvir e a considerar as explicações com seriedade? Isso é implausível, e, uma vez rejeitada essa suposição, temos que rejeitar a eficácia das explicações. Essa objeção, porém, está equivocada. A eficácia das explicações não garante a possibilidade da persuasão, nem mesmo a de um inquiridor paciente e racional. Os inquiridores desse tipo talvez tenham crenças diversas ou diversos perfis epistêmicos, que vão fazer com que seja impossível convencê-los do seu erro. A inteligibilidade do valor não garante a convergência de todos os inquiridores racionais[9].

Evidentemente, não é nenhuma descoberta empírica o fato de que o valor deveria ser inteligível desse modo. Antes, é próprio da natureza do valorativo ser inteligível e participar da função daquela parte da nossa capacidade conceitual de mostrar que ele se presta ao nosso entendimento. Podemos, é claro, perguntar como pode ser assim. Como é que as explicações são sempre acessíveis? Mas essa não é uma questão a ser tratada aqui. Para o nosso objetivo, resta apenas salientar que a inteligibilidade do valor pressupõe a universalidade dos conceitos usados na explicação. Foi essa a tarefa do exemplo sobre o filme que supostamente muda de qualidade de um dia para o outro. Ele ilumina a proposição de que a inteligibilidade pressupõe a universalidade.

2. Quando os valores são universais?

Ao postular a tese e explicar o seu argumento, contei com a nossa compreensão atual da universalidade. Quando tentamos, porém, formular essa compreensão, percebemos que acolhemos dois pontos de vista divergentes sobre o significado da tese da universalidade do valor.

Acredito que as duas condições a seguir se aproximam para dar conta da nossa noção das propriedades universais: uma propriedade é universal se e somente se:

1. As condições da sua aplicação podem ser postuladas sem o uso de referências particulares, ou seja, sem nenhuma referência de lugar ou tempo, ou de um indivíduo em especial, etc.

---

[9]. Examinei algumas das razões dessa falha no Capítulo 6 de *Engaging Reason*.

2. Em princípio, ela pode ser instanciada em qualquer lugar e em qualquer tempo.

A segunda condição serve para atender aos casos em que, embora a propriedade benfazeja possa ser especificada sem referência a nenhum dado particular, a sua natureza é de tal ordem que ela só pode ser instanciada em determinados momentos, ou antes ou depois de determinado momento, etc. Não tenho certeza se existem casos assim, mas a sua exclusão parece fazer parte da nossa noção da universalidade (ou de uma delas).

O problema é que, enquanto as duas condições parecem explicar a nossa noção da universalidade das propriedades em geral, elas não dão conta do que entendemos pelas alegações de que os valores são universais. As duas condições permitem diferenciações entre muitas classes de pessoas, diferenciações que não combinam com as asserções sobre a universalidade dos valores, tal como se costuma entendê-la.

Uns poucos exemplos vão ajudar a mostrar até que ponto as duas condições que postulei não conseguem em si mesmas satisfazer a nossa noção intuitiva de um valor universal:

- Nem todas as referências temporais são excluídas pelas duas condições. Por exemplo: uma propriedade que se aplica apenas a todas as pessoas que têm cinqüenta anos ou outra que se aplica apenas a todas as crianças atendem a essas condições, e, se são suficientes quanto à universalidade, tais propriedades são propriedades universais. Não obstante, as propriedades que se aplicam necessariamente apenas às pessoas nascidas no período de cinqüenta anos desde o bombardeio de Hiroxima, ou aquelas que se aplicam necessariamente apenas a todas as pessoas que vivem em Ipswich, não são universais.
- Segundo os dois critérios que postulei, as propriedades que se aplicam apenas a homens ou apenas a mulheres, como por exemplo as virtudes masculinas ou as virtudes

femininas, entendidas como virtudes que podem pertencer apenas a homens ou apenas a mulheres, são propriedades universais. Assim como o são as propriedades raciais, as virtudes que pertencem apenas aos brancos, por exemplo. Curiosamente, porém, as propriedades étnicas não são universais. As virtudes que podem pertencer apenas aos russos não passam no teste da universalidade.

• "Nascido em Londres" é uma condição não-universal, mas "nascido numa cidade com mais de oito milhões de habitantes" é uma condição universal.

Normalmente, nenhum desses exemplos vale como uma propriedade ou uma condição universal. As propriedades que se baseiam no sexo ou na raça nos parecem violar a universalidade tanto quanto as propriedades étnicas. Admitir aquelas e excluir esta nos saltam aos olhos como uma arbitrariedade.

Não estou cometendo um erro no modo de fazer a distinção? Não é uma questão de adequação lingüística. Há muitos precedentes para o uso de "universal" em conformidade com a caracterização apresentada aqui, bem como para outros modos de traçar as fronteiras. A questão está nas razões da distinção e dos seus objetivos. As pessoas que falam dos direitos humanos universais, por exemplo, talvez tenham em mente algo como "os direitos que pertencem a todos os seres humanos". Isso impediria que os direitos das pessoas do sexo masculino ou das pessoas nascidas em cidades muito grandes valessem como universais.

Talvez o problema possa ser resolvido pelo acréscimo de uma terceira condição da universalidade:

3. Um valor somente é universal se pelo menos algumas pessoas podem manifestá-lo, de modo que em princípio seja possível que cada indivíduo o manifeste. Em outras palavras: é possível em princípio que cada indivíduo manifeste todos os valores universais que qualquer pessoa pode manifestar.

Essa condição acaba servindo para admitir virtudes felinas, ou seja, virtudes que pertencem apenas aos gatos, etc. Ela reforça, porém, a acessibilidade universal das pessoas, em sentido não tão marcado, aos valores humanos. Ou seja, essa condição não se aplica às propriedades valorativas que não possam em absoluto pertencer a nenhum ser humano, propriedades que podem ser instanciadas apenas por paisagens, planetas ou plantas. Se uma propriedade pode ser instanciada por pessoas, no entanto, essa condição determina que ela é universal somente se em princípio possa pertencer a qualquer pessoa.

A terceira condição consegue dar conta da nossa compreensão intuitiva dos valores universais? Creio que não. Ainda que de acordo com ela, os valores podem ser universais e mesmo assim muito específicos. Uma condição para ter um direito talvez seja o fato de que uma pessoa é o primeiro estudante da universidade mais recente, sendo que nenhuma outra universidade foi criada nos dez anos anteriores. Pouquíssimas pessoas estão qualificadas a ter esse direito. As propriedades de valor podem ser tanto universais quanto específicas a tal ponto que, visto como é o mundo, somente um dado particular pode instanciá-las. Levando em conta esse fato, o que importa que os valores sejam todos universais ou que alguns deles sejam particulares? A resposta é que a compreensão comum dos valores universais não faz tal distinção. De acordo com ela, os valores altamente específicos desse tipo não são universais. Mas, se é assim, então a terceira condição não dá conta da noção comum da universalidade dos valores.

Essas dúvidas são reforçadas quando se examina a terceira condição diretamente. Ela afirma que uma propriedade de valor que pode pertencer a algumas pessoas é universal somente se puder pertencer a qualquer pessoa. Isso tem a intenção de dar conta, entre outras coisas, da nossa compreensão comum da universalidade, uma compreensão que nega que as propriedades de valor específicas dos membros de um sexo ou de uma raça sejam propriedades universais.

Mas essa condição faz jus aos nossos pontos de vista sobre o tema?

Para algumas pessoas, mudar de sexo é possível. Suponhamos que mudar de sexo seja ou venha a ser possível para todos. Isso mostraria que as propriedades de valor específicas dos sexos são universais? A nossa compreensão não muito bem formulada dessa noção nos faz discordar. Talvez seja possível em princípio, ou logicamente possível, que todos mudem de sexo, mas na verdade isso é impossível para a maioria das pessoas. A mudança de sexo era na verdade impossível para todos aqueles que viveram antes que os procedimentos necessários para tanto se desenvolvessem, e continua *de facto* impossível para a maioria das pessoas que vivem nos dias de hoje. Portanto, os valores específicos dos sexos não são universais, segundo a compreensão comum dos valores universais. Tomemos outro exemplo. Suponhamos que certas propriedades de valor possam pertencer apenas aos membros de uma aristocracia hereditária (cujos membros descendem diretamente de pessoas que foram nobilitadas por um rei ou uma rainha de outrora). Essas propriedades podem pertencer a qualquer pessoa, porque o monarca pode nobilitar qualquer pessoa. Mas tais propriedades dificilmente vão ser propriedades de valor universal.

É evidente que a compreensão comum dos "valores universais" fala mais alto do que a possibilidade formal de que cada pessoa venha a possuir a propriedade valorativa em questão. A noção comum dos direitos e dos valores universais declara com firmeza que apenas os direitos e os valores de que todos usufruem, e não só aqueles de que todos podem em princípio usufruir, são universais? Nem todo o mundo é engraçado ou divertido, mas suponho que ficamos felizes em considerar isso como uma propriedade valorativa universal.

Nesse ponto, a minha tendência é desistir. Duvido que se possa descobrir uma condição formal qualquer que tenha êxito em formular a nossa compreensão intuitiva dos valores universais. O ponto de vista de que os valores são universais, como um ponto de vista comumente explicitado, me parece ser *um ponto de vista moral substantivo*. Não se trata de um ponto de vista sobre a natureza do valor ou de qualquer outro conceito valorativo. Trata-se de um produto da luta moral pela rejeição de algumas falsas distinções de valor: a rejeição dos privilégios especiais da aristocracia e das crenças valorativas que os sustentavam na Europa do Pré-Iluminismo, a rejeição do racismo e do sexismo, e assim por diante. A insistência na universalidade *nesse sentido esquivo* foi um produto da tentativa de mostrar que, na medida em que a crença em tais valores encapsula qualquer verdade, isso se dá porque eles são subordinados a outros, que as pessoas passaram a ver como valores "verdadeiramente universais"[10].

É desnecessário dizer que devemos assumir essa rejeição (de valores "aristocráticos", sexistas ou racistas, etc.) ou aqueles esforços para a sua subsunção. Mas enganamos a nós mesmos se pensamos que eles podem generalizar-se além do desmascaramento de falsas crenças valorativas específicas. Enganamos a nós mesmos se pensamos que o desmascaramento aconteceu trazendo-se à luz uma característica geral de todos os valores ou de todos os valores morais, isto é, a sua universalidade. Na verdade, as coisas parecem funcionar ao contrário: o único modo de entendermos o que queremos dizer quando afirmamos a universalidade do valor é fazendo referência à rejeição daqueles falsos valores contra os quais se travam as lutas da moral passada ou presente, e de outros falsos valores semelhantes a eles, isto é, outros falsos valores que são entendidos por intuição como suficientemente semelhantes a eles.

Isso significa, é claro, que *o ponto de vista comumente aceito* de que os valores são universais não tem interesse teóri-

---

10. Uma vez que, por extensão, chamamos de "universais" os valores que não são universais por si mesmos, mas que são subordináveis a outros que o são.

co. Ele pode nos ensinar alguma coisa sobre a história dos debates morais no Ocidente, mas não pode nos ensinar nada sobre a natureza do valor ou da moral.

3. O argumento de inversão

Ao desistir da importância do ponto de vista comum sobre a universalidade do valor, não pretendo abandonar a tese completamente. Vou tomar a tese em conexão com a universalidade entendida segundo as primeiras duas condições que postulei acima. As propriedades valorativas são universais se as condições da sua instanciação podem ser postuladas sem uma referência particular e se elas podem ser instanciadas em qualquer lugar ou em qualquer tempo. Assim entendida, a tese é legítima e válida. Ela é uma conseqüência do fato de que o domínio do valorativo é essencialmente inteligível.

Vimos que essa tese, a tese teórica, como vou chamá-la, é muito mais frágil e menos exigente do que a crença comum na universalidade dos valores. Não obstante, mesmo esta é ameaçada pelos argumentos baseados na significação teórica da diversidade das nossas crenças e práticas quanto ao valor. Há várias tentativas de discutir desde a diversidade até a rejeição da universalidade do valor. Vou expor e comentar apenas um argumento desse tipo. Vou chamá-lo de *argumento de inversão*, porque ele começa com o conhecido argumento cético da diversidade social e o inverte para fundamentar a possibilidade do conhecimento valorativo – ou pelo menos é assim que o argumento se desenvolve.

A primeira etapa: o argumento da diversidade social

Um dos mais antigos argumentos que conhecemos é que os valores não podem ser objetivos porque variam de lugar para lugar e de época para época. Pode-se discutir o grau de diversidade que realmente testemunhamos. Houve quem alegasse que a diversidade consiste nos diversos modos de buscar os mesmos valores – o que implica que de modo geral todos são admissíveis. No entanto, não vou seguir por esse caminho e, para o bem do argumento, vou admitir que há uma diversidade significativa de valores ou de crenças nos valores.

O que demonstra o argumento da diversidade? Talvez demonstre apenas que as pessoas cometem erros. O problema é que parece inexplicável por que tantas pessoas têm que cometer tantos erros. É mais plausível pensar que elas discordam porque não têm nada a saber, ou pelo menos nada que possam saber. Outras reagem tentando explicar as causas da divergência: talvez haja um crescimento e um desenvolvimento da nossa capacidade (da raça humana) de entender os valores e de nos ajustar a eles, etc. Não vou levar em conta nem a alegação nem as tentativas de refutá-la, porque não se deveria, creio eu, ver o argumento da diversidade fundamentado em tais alegações empíricas. Em vez disso, ele consiste em duas premissas:

(a) Para atribuir conhecimento em qualquer domínio, precisamos estar em condições de explicar como o conhecimento pode ser adquirido e como os erros podem ser cometidos.

(b) A explicação da possibilidade de conhecimento precisa mostrar como podemos ser sensíveis ao que sabemos, como, ao criar e sustentar crenças nesse domínio, somos sensíveis ao modo pelo qual as coisas são com respeito aos conteúdos das nossas crenças. A explicação da possibilidade de erro precisa mostrar como podemos deixar de ser adequadamente sensíveis.

O argumento da diversidade alega que não passamos nesse teste com respeito aos valores. As nossas crenças nos valores são sensíveis às práticas sociais que nos cercam, sensíveis aos pontos de vista com que nos deparamos durante a nossa vida. Elas não são sensíveis ao modo pelo qual as coisas realmente são com relação aos valores. Por conseguinte, ou não há valores ou nada podemos saber a seu respeito.

Invertendo o argumento

Muitos argumentos podem ser virados de cabeça para baixo. Afinal, tudo o que um argumento demonstra é que é impossível que as premissas sejam verdadeiras e a conclusão falsa. Os argumentos são apresentados da seguinte forma: uma vez verdadeiras as premissas, verdadeira também a conclusão. Mas eles podem ser virados de cabeça para baixo de modo que demonstrem que, uma vez falsa a conclusão, falsa também a premissa. Um destino semelhante pode se abater sobre o argumento da diversidade. Mas a inversão que tenho em mente aqui não é a inversão direta que rejeita as premissas porque se rejeitou a conclusão. Antes, em vez de argumentar que, visto que dependem da sociedade, os valores não podem ser objetivos, o argumento de inversão que vou analisar faz uma alegação mais paradoxal: visto que são objetivos, os valores não podem ser independentes das condições sociais.

Vamos nos deter um pouco nesse ponto: como eu disse, não se trata da simples inversão que nega que os valores dependem das condições sociais. Não pretendo desafiar a dependência social do valor[11]. Tampouco vou desafiar o que é – para o nosso argumento – o fato básico, ou seja, o fato da diversidade. No entanto, o argumento de inversão rejeita a conclusão, porque ele, esse argumento, baseia-se na

---

11. Tampouco tenho aqui a intenção de endossá-la. O argumento de inversão depende da vigência de alguma forma de dependência social. Nos casos em que ela não vige, o argumento não se sustenta, pelo menos não na forma como se apresenta aqui, e a possibilidade de conhecimento depende de alguns outros fatores. Vou voltar a esse ponto mais adiante.

crença, sustentada com igual firmeza, na objetividade do valor e na possibilidade do conhecimento valorativo. Com isso, a dependência do valor em relação ao social passa a ser uma vantagem: ela fornece o meio pelo qual o argumento de inversão vai corresponder à lição que aprendemos, ou seja, que a alegação da possibilidade do conhecimento dentro de um domínio precisa ser capaz de encontrar apoio numa explicação de como as crenças nos conteúdos dentro desse domínio podem ser sensíveis ao modo como as coisas são ali dentro.

O argumento cético toma o fato da diversidade como uma prova segura para supor que a crença no valor é socialmente condicionada. Por conseguinte, conduz à conclusão de que a crença no valor não pode ser sensível ao valor. Não aprendemos a acreditar que isto ou aquilo tem valor a partir do fato de que isto ou aquilo tem valor, tampouco que algo não tem valor a partir do fato de que esse algo não tem valor. Adquirimos as nossas crenças a partir da nossa sociedade[12]. Isso mostra que a crença no valor não é objetiva. Quer dizer, ou não há valores ou nada podemos saber a seu respeito.

O argumento de inversão começa por rejeitar a conclusão e aceitar a objetividade dos valores e a possibilidade de conhecimento do valor. Logo, na medida em que o conhecimento deles é sensível às práticas sociais, e dada a lição de que o conhecimento precisa ser explicado pela sensibilidade ao que é conhecido, segue-se que os próprios valores dependem das práticas sociais.

---

12. O argumento não pressupõe que simplesmente aceitemos as crenças que predominam ao nosso redor. Ele pressupõe apenas que a explicação de por que acreditamos naquilo que acreditamos gira em torno das crenças que percebemos ao nosso redor. A sua influência pode assumir qualquer contorno ou forma, inclusive reagir contra ou rejeitar os pontos de vista da sociedade. Isso significa também que o argumento não pressupõe a unanimidade de crença na sociedade em que vivemos ou crescemos.

A dependência por meio da criação e do acesso

Para ser capaz de explicar como é possível o conhecimento do valor, a dependência dos valores em relação ao social precisa ser relativamente forte. Tem-se escrito muita coisa nos últimos anos sobre o truísmo de que os conceitos são produtos históricos, que surgiram ou foram criados em épocas ou períodos específicos ao longo da história. Mas a importância da questão em si não está clara. Ela pode mostrar que as pessoas não sabiam de alguns valores, e talvez nem pudessem saber, antes do surgimento de certos conceitos que as capacitaram a formar crenças a respeito desses valores. Mesmo essa conclusão não pode ser fundamentada sem outras premissas.

Para entender a questão, tomemos o caso dos prazeres sensuais mais elementares, como o prazer que as pessoas sentem com as suas cores ou os seus sabores favoritos ou os prazeres propiciados por certas sensações de movimento, do tipo que muitas crianças bem pequenas têm espontaneamente e que constituem o fundamento de alguns brinquedos dos parques de diversão. Tais prazeres são intrinsecamente bons, e é provável que o seu valor já fosse conhecido das pessoas desde que os seus órgãos dos sentidos, cérebro e sistema nervoso assumiram mais ou menos a forma que têm hoje. É possível que até para a capacidade de gozar esses prazeres seja importante um certo aprendizado social. Mas não há razão para pensar que alguma vez eles tenham estado indisponíveis às pessoas cuja constituição permitia gozá-los. É verdade que o conceito dos prazeres sensuais é um produto histórico-social. Mas é plausível pensar que as pessoas sempre tiveram conhecimento desses prazeres, ou seja, que sempre tiveram conhecimento deles antes de possuir esse conceito. Elas possuíam outros modos de se referir a eles, e talvez tenham sido capazes de experimentá-los, ou de experimentar pelo menos alguns deles, mesmo quando ainda não podiam tê-los conhecido, mesmo quando ainda não podiam ter tido nenhuma crença a seu respeito.

O exemplo dos prazeres sensuais nos faz lembrar que qualquer tese razoável sobre a dependência social dos valores vai acabar sendo limitada. Existem valores, como os prazeres sensuais, cuja dependência social é mínima. Isso talvez não tenha importância. Justamente porque a capacidade de gozá-los não é socialmente dependente, eles estão imunes ao argumento cético da diversidade, e não precisamos contar com o argumento de inversão para reivindicar a sua objetividade e a possibilidade do seu conhecimento[13].

Contudo, e falando de modo geral[14], para fomentar idéias e ter crenças necessitamos de conceitos, e, assim como os conceitos são produtos históricos, também o é a capacidade de ter as crenças e as idéias para as quais eles são necessários. Nesse sentido, pelo menos nesse sentido, a possibilidade de algum conhecimento das questões valorativas é historicamente condicionada, não só pelo fato de se pressupor a posse de certos conceitos imprescindíveis, mas também pelo fato de que esses conceitos não estiveram disponíveis desde sempre. Tais conceitos surgiram em algum momento da história e viabilizaram as idéias, as crenças e o conhecimento que não estavam disponíveis antes da sua eclosão.

A capacidade que os indivíduos têm de "inventar" conceitos não anula a dependência dos conceitos em relação ao social. Para "inventar" um conceito, precisaríamos de todo um conjunto de outros conceitos. Ninguém é ca-

---

13. É claro que pode haver uma diversidade de pontos de vista sobre se o prazer é valioso e se ele o é de modo condicional ou incondicional, se apenas alguns prazeres são valiosos e como aqueles que são valiosos se relacionam com outros bens. Mas esses debates são extensamente teóricos. As controvérsias e as discordâncias teóricas não conduzem tão facilmente a conclusões céticas quanto as discordâncias acerca do que é valioso.

14. Essa ressalva visa a sancionar as idéias e as crenças pré- (ou não-) conceituais e a possibilidade de que seja correto atribuir idéias e crenças, cuja afirmação requer conceitos, a pessoas que não possuem esses conceitos. Creio que, mesmo que se sancionassem essas possibilidades, as observações a seguir não estariam comprometidas, embora talvez devessem ser formuladas com mais cautela.

paz de inventar todos os conceitos necessários à invenção de um novo, e portanto todo o mundo depende dos conceitos socialmente disponíveis para pensar e compreender os valores.

Mas isso por si só não demonstra que os valores, em comparação com as crenças pensadas e fomentadas a seu respeito, são de algum modo socialmente dependentes. A dependência que a idéia quanto aos valores tem em relação à cultura não demonstraria, sem outras premissas, que a sensibilidade que as nossas crenças quanto ao valor têm à cultura constitui, ou pode constituir sob determinadas condições, uma sensibilidade à realidade do valor, que é o que precisamos demonstrar para fundamentar a possibilidade do conhecimento do valor.

O que é preciso demonstrar para fundamentar que, sendo socialmente dependentes, as nossas crenças quanto aos valores podem ser sensíveis à realidade do valor? Seria suficiente demonstrar que a própria existência do valor é socialmente dependente (e de uma maneira que se correlacionasse com o modo pelo qual as nossas crenças são socialmente dependentes). Argumentos assim podem ser aventados no tocante a muitos valores.

Tomemos o jogo de xadrez. Ele foi inventado ou desenvolvido numa determinada época. É um produto histórico. Ou pensemos na ópera. Ela também é um produto histórico mais ou menos localizável. Ambos trouxeram consigo novas formas de virtuosidade, novos bens. Há vários deles. Para o objetivo do presente argumento, pensemos em dois: a virtuosidade em jogar xadrez (ou em fazer aberturas de xadrez, etc.) e em cantar óperas, a virtuosidade de um cantor lírico (ou de uma soprano dramática, etc.). Não havia cantores líricos nem enxadristas antes do surgimento da ópera e do xadrez, e tampouco poderia ter havido. *A fortiori* não havia exímios cantores líricos nem exímios enxadristas. Essa forma de virtuosidade não poderia ter se manifestado antes que a ópera e o xadrez o fizessem. Ela existia antes deles? O bem ou a forma de virtuosidade antecederam à possibilidade da sua manifestação? Parece plausível negar isso, parece plausível pensar que os bens que estão vinculados ao xadrez e à ópera (e que em parte os fazem ser o que são) começaram a existir com o xadrez e a ópera. Argumentar a favor disso nos remeteria a aspectos rarefeitos e arcanos da ontologia que talvez não tenham relação direta com a firmeza do argumento de inversão.

Para entender isso, vamos tomar um outro exemplo: a amizade, que pode aqui representar o bem de qualquer relacionamento interpessoal. Ela é como o xadrez e a ópera, no sentido de que todos são instâncias de bens (intrínsecos), e engajar-se neles pressupõe pelo menos alguma compreensão da sua natureza. A maioria dos valores intrínsecos requer um grau de engajamento intelectual ou cognitivo. Para jogar um jogo é preciso saber de que jogo se trata, assim como engajar-se em ocupações culturais só vai trazer benefícios se houver compreensão do que se está fazendo, e para tanto é preciso compreender o tipo de ocupação cultural no qual se está engajando: trata-se de ler um romance ou um poema, ouvir uma ópera ou uma canção *pop*, etc.? A amizade requer o conhecimento de como se relacionar com um amigo difere de se relacionar com outras pessoas, etc.[15]

Parece-me que, se o argumento de inversão funciona com as formas do bem constitutivas da natureza do xadrez e da ópera, ele também se aplica ao bem da amizade, ou

---

15. Alguns tendem a negar que a amizade depende do conhecimento do que é e do que não é adequado entre amigos. Eles consideram essa conjetura como uma concepção da amizade (ou uma concepção equivocada da amizade) legalista e dependente de regras, e acreditam que a amizade deve ser uma condição que advém de um sentimento natural para com o amigo. Isso implica tanto a confusão de significado social com regras de tipo legal quanto o erro de pensar que sentimentos "naturais" para com o outro não tutelados socialmente são suficientes à amizade. É claro que gostar do outro é algo comum entre amigos e essencial a muitas amizades. Mas o relacionamento só se torna amizade quando esses sentimentos se enquadram nas formas aprendidas ao longo da socialização e quando se encaixam, não importa quão desajeitadamente e com quantas variações individuais, no que se costuma entender por amizade.

aos bens, às virtudes, etc., que são inseparáveis dela. No entanto, não parece muito certo dizer que a virtude de ser um bom amigo começou a existir quando, no início da história da humanidade, a amizade tornou-se possível[16]. Talvez seja possível falar mais à vontade do aparecimento de novos valores quando estes são associados a instituições sociais facilmente identificáveis: o xadrez, a ópera ou o Estado (cujo aparecimento gera ideais de boa cidadania), ou ainda a lei (com as suas virtudes especiais, como o código de lei, etc.) É estranho falar do valor da amizade, do amor ou da coragem como algo que surge numa época específica. Os sociólogos e os historiadores costumam fazê-lo, mas os filósofos correm a acusá-los de confundir a crença nesses valores, ou a crença na forma específica que assumiram em países e períodos diferentes, com os próprios valores.

Talvez não haja nenhum problema, nenhum fundamento nas atribulações sobre a existência dos valores, as formas do bem, a virtude e coisas do gênero. Talvez alguns ou todos sejam atemporais, e talvez alguns ou todos tenham uma existência no tempo. Não importa qual seja o ponto de vista apropriado dessas questões, o argumento de inversão não depende dele. No Capítulo 4, vou mostrar que os valores só são realizados quando as pessoas (ou outras criaturas) engajam-se neles com êxito. Pela sua natureza, os valores e os bens são passíveis de engajamento[17], e, num sentido mais amplo, a razão da sua existência é se realizarem mediante as pessoas que estão engajadas neles. Se eles existem antes do tempo em que as condições para que se realizem atinjam esse ponto, a sua existência fica indistinta, uma sombra lançada pela nossa gramática. Afinal, os valores não podem ter nenhum efeito no mundo exceto

---

16. É possível que alguma forma de sociabilidade tenha surgido justamente com o aparecimento do *homo sapiens*. Se isso aconteceu, o seu desenvolvimento em direção a alguma forma de amizade como a conhecemos da história da humanidade seguiu de mãos dadas com o desenvolvimento da linguagem e das normas sociais mais complexas que ela possibilitou.

17. Propus alguns argumentos nesse sentido em *Engaging Reason*.

quando são reconhecidos, e não podem ter nenhum efeito apropriado exceto quando as pessoas se engajam neles de maneira adequada. Por conseguinte, tudo o que o argumento de inversão precisa fazer é demonstrar que, ali onde a possibilidade de se engajar nos valores é socialmente dependente, isso ocorre de tal maneira que se elimina o incômodo do fato de que a crença nos valores é socialmente dependente.

Tendo em vista qualquer valor intrínseco, se se pudesse demonstrar que, primeiro, o engajamento nele pressupõe uma certa compreensão da sua natureza; e, segundo, que uma tal compreensão não é possível sem o domínio de conceitos socialmente dependentes, ter-se-ia aberto caminho para um argumento que fundamentasse a dependência social do valor. Como eu disse, argumentos com esse molde geral acham-se disponíveis no tocante a muitos valores intrínsecos.

Duas amostras de objeções ao argumento de inversão

O argumento de inversão pode parecer ligeiro demais. Pode-se acusá-lo de pressupor:

a. que as crenças e as práticas quanto ao valor são uniformes na totalidade de qualquer sociedade ou de qualquer grupo cultural; e

b. que o modo pelo qual as práticas de valor das pessoas dependem das práticas sociais é sempre por imitação, por associação.

As objeções afirmam que, uma vez rejeitadas essas suposições, torna-se impossível inverter o argumento cético. Existem práticas de valor incompatíveis demais dentro de um país para que se entenda a alegação de que cada uma delas encerra valores. De modo análogo, ao desenvolver os seus pontos de vista valorativos, as pessoas muitas vezes se revoltam contra a opinião predominante. Ao fazer isso, podem seguir em muitas direções. Para qualquer dogma de valor, existem muitas alternativas, e aqueles que se revoltam contra o dogma reagem de maneiras diferentes. Mais uma vez, é impossível pensar que o valor acompanha todas essas reações. O argumento de inversão não conduz a uma dependência estável do valor, e sim a um resultado incoerente e caótico, fadado a se arruinar num subjetivismo de valor, isto é, cada pessoa está confinada pelas suas próprias crenças e nada mais – uma posição evidentemente falsa e na maioria das vezes incoerente.

Réplica: as objeções ressaltam pontos importantes. Fazem-nos lembrar de fatos conhecidos com os quais qualquer exposição da dependência social do valor tem que ser compatível. Mas não fica claro que condenem inteiramente a tese da dependência social do valor.

Afinal, nem todas as práticas sociais encerram um valor. A questão nunca foi essa. Tudo o que essa objeção demonstra é que a determinação de quais práticas o fazem e quais não o fazem tem que ser sensível aos pontos que ela levanta. Há alguma razão de ordem geral para pensar que isso não possa ser desse modo? Sim, há, se se pretende caracterizar as práticas sociais apenas em termos não-valorativos, e então, contando com tal descrição, acredita-se poder distinguir quais práticas encerram bens, quais encerram males e quais não encerram nem estes nem aqueles. Essa é uma tarefa inútil. Mas isso demonstra apenas o que já sabíamos o tempo todo, ou o que já deveríamos estar sabendo, ou seja, que é impossível dar explicações redutoras dos fenômenos valorativos.

A tese de que muitos valores intrínsecos dependem das práticas sociais não pressupõe um quadro redutor dos valores. Ela admite que a descrição e a explicação das práticas sociais que geram os valores são elas mesmas valorativas. Uma vez que se admite isso, não temos nenhuma razão para acreditar que as duas objeções levantam problemas dos quais não se pode dar conta. Para ter certeza de que se vai dar conta deles com êxito, temos que aguardar por uma melhor compreensão do modo como os valores intrínsecos dependem do social, na medida em que o fazem. Enquanto isso, podemos aceitar provisoriamente o argumento de inversão como um argumento poderoso a favor da dependência de alguns valores intrínsecos em relação ao social.

Da sensibilidade social ao particularismo

O argumento também parece trazer uma conseqüência direta para a questão que estamos investigando. A saber, ele parece produzir uma prova de particularismo. Se o valor é socialmente dependente, segue-se que os valores variam conforme os fatos sociais, e esses fatos sociais são meros fatos contingentes. Estão aqui hoje, amanhã já se foram. Ao que parece, também é assim com os valores. Estão aqui hoje e amanhã já se foram.

Isso necessariamente viola a universalidade dos valores? Vamos supor que estejamos pensando apenas naqueles valores cuja temporalidade, cuja criação e cujo aparecimento no tempo sejam mais marcados. Pode-se pensar que pelo menos no seu caso a dependência social do valor fundamenta a temporalidade dos valores e, portanto, a sua particularidade. Mas isso se revela uma questão complexa. Acho razoável alegar que um entendimento geral do que se quer dizer com afirmações do tipo "os valores são universais" acaba por implicar que eles ou são eternos e atemporais, ou pelo menos coextensivos com o mundo ou talvez com os seres humanos. Talvez seja correto dizer até que esse é o entendimento predominante da alegação de que os valores são universais. Fica bem menos claro se a temporalidade dos valores violaria as duas condições da universalidade que expus anteriormente.

Fica claro que a primeira condição não é necessariamente violada pelos valores temporais. A sua temporalidade não obriga a explicar o seu conteúdo nos mínimos detalhes para que seja possível fazer referência a quaisquer particularidades. A segunda condição é violada? Ela estipula que para ser universal um valor tem que ser capaz de ser instanciado em qualquer momento. Evidentemente, ele não pode ser instanciado quando não existe, mas não é suficiente para a possibilidade de que ele seja instanciado num momento m a possibilidade de que ele exista em m (e o fato de que não haja nada que impeça a sua instanciação)? Se é assim, então a segunda condição não é violada pela temporalidade dos valores como tais. O fato de que eles não existam num dado momento não demonstra que então teria sido impossível existirem. Tampouco há na tese da dependência social algo que sugira o contrário. Não há nenhuma razão para pensar que os desenvolvimentos sociais que levaram aos conceitos dos quais depende a existência do valor não poderiam ter surgido antes, ou que outros conceitos capazes de trazer o valor à luz não poderiam ter surgido outrora[18].

Vocês podem colocar essas questões abstratas à prova examinando novamente alguns valores intrínsecos típicos, como o valor de ser um amigo, ou de ouvir ópera, ou de jogar xadrez. A amizade, a ópera e o xadrez são criações sociais e, portanto, são bens que começaram a existir em algum ponto ou período do tempo, e não existiam antes, no sentido de que não havia amizades, óperas ou jogos de xadrez antes de uma certa época. Suponhamos que os valores que só podem se realizar na amizade, no xadrez ou na ópera, que os bens que só podem se manifestar por meio deles, também não poderiam ter existido antes dessa época. Não obstante, esses bens são universais, porque em princípio podem ser instanciados em qualquer ponto do tempo ou do espaço (e teriam sido assim instanciados se as condições

---

18. As condições analisadas no Capítulo 10 de *Engaging Reason* me parecem combinar com a noção geral da universalidade que leva em conta uma dimensão temporal dos valores.

sociais favoráveis tivessem existido antes) e as condições da sua instanciação não implicam o uso obrigatório de referências particulares.

Uma particularidade contingente?

A dependência social do valor não torna obrigatório que os valores não sejam universais. Mas não é verdade que ela faz com que a sua particularidade seja possível? Pode-se alegar que provavelmente isso leva à conclusão de que deveríamos admitir a particularidade de certos valores, embora isso mais uma vez dependa do que queremos dizer ao certo com universalidade.

Essas questões são mais complexas do que a exposição que delas se pode fazer aqui. Vou concluir com duas observações. A primeira é que, nessas circunstâncias, podemos contar com o argumento da inteligibilidade do valor. A inteligibilidade do valor requer a universalidade do valor. A dependência social do valor não requer que ele não seja universal. Não deveríamos concluir que ambas são conciliáveis e que o valor é necessariamente tanto inteligível, e portanto universal, quanto socialmente dependente?

Nada do que eu disse é suficientemente fundamentado para assegurar essa conclusão. A minha argumentação, contudo, pode ser útil para salientar que o que parecem ser conflitos inconciliáveis, isto é, o conflito entre a diversidade e a universalidade do valor e o conflito entre a dependência social do valor e a sua inteligibilidade, na verdade não são conflitos inconciliáveis. Não julgo ter feito o bastante para instaurar o modo correto de conciliá-los. Mas espero ter feito o bastante para mostrar que essa conciliação é possível.

No entanto, devo reconhecer como última observação que posso ter generalizado demais na minha hipótese central. A minha hipótese central consistia em que o domínio valorativo é inteligível e que a sua inteligibilidade é não-redutora: podemos entender o que tem valor e o que faz com que seja assim, e o nosso entendimento repousa na disponibilidade das explicações valorativas de todos os fenômenos valorativos.

Essa inteligibilidade, porém, talvez seja de certo modo apenas parcial. Há uma razão para acreditar que seja assim[19]. Por exemplo, sabemos que, embora as nossas razões das nossas ações façam com que as nossas ações sejam inteligíveis para nós, elas o fazem apenas de modo imperfeito. Em poucas palavras: as nossas ações são de fato nossas somente quando agimos movidos por razões, e as nossas razões são aqueles aspectos da ação e das suas circunstâncias que fizeram com que a ação fosse elegível para nós[20]. Podemos admitir em retrospecto que estávamos equivocados, que agimos movidos pelas razões erradas e até mesmo que agimos irracionalmente, dando preferência às razões menos importantes em detrimento das de maior força. Enquanto mantivermos a capacidade de compreender as nossas ações como ações movidas por razões, manteremos a nossa capacidade de compreender por que as fizemos, mesmo quando nos desnorteamos ou agimos de modo irracional. Porque as vemos como inteligíveis, podemos vê-las como nossas.

Mas nem todos os aspectos das nossas ações tornam-se inteligíveis pela razão. Não somos o asno de Buridan; podemos agir sabendo que as razões da ação não a tornam melhor do que o fariam algumas alternativas disponíveis. Nesse caso, as nossas razões explicam por que fizemos o que fizemos,

---

19. Ela é parcial em outros aspectos também: nada garante que possamos explicar por que algo bom ou ruim ocorreu, mas podemos explicar apenas o que, no ocorrido, torna-o bom ou ruim. O resto é problema das explicações causais ordinárias. Podemos entender como as propriedades valorativas se relacionam com as não-valorativas? Talvez, mas a tese sobre a inteligibilidade do valor também não garante isso.

20. As ações não são de fato nossas, no sentido aqui pressuposto, se elas são acidentais ou manipuladas sob hipnose, etc. Para evitar mal-entendidos, devo acrescentar que essa condição para que sejam de fato nossas próprias ações, exposta de maneira muito mais completa no Capítulo 1 de *Engaging Reason*, não estabelece o limite externo das ações ou dos eventos pelos quais somos responsáveis.

mas não explicam por que agimos assim em vez de optar pela alternativa igualmente elegível. A inteligibilidade não chega tão longe. Ela não vai até o fim.

É possível que haja limitações semelhantes na nossa compreensão do que é bom quanto aos fenômenos bons. Talvez aqui também haja um elemento de contingência bruta. Isso coloca um limite à inteligibilidade do valor e, portanto, um limite talvez à universalidade do valor. Essa falha dificilmente pode refutar a tese da universalidade ou tirar de campo a tese da inteligibilidade dos valores. Mas ela lhes apresenta limites, limites na altura em que os conceitos mais gerais explicam os menos gerais: "Isso é bonito porque é harmonioso e tem um equilíbrio perfeito entre cor e forma." As explicações valorativas normalmente assumem esse perfil: explicamos os juízos feitos em termos mais gerais fazendo referência a juízos feitos em termos mais específicos. Mas o relacionamento entre os conceitos em diferentes níveis de generalidade não é totalmente perspicaz. O harmonioso tem que ser necessariamente bonito? Há decerto outras formas e normas de beleza. A beleza pode basear-se na dissonância, na precariedade, no desequilíbrio, e assim por diante.

Não será mera contingência histórica que a claridade seja admirada sob as normas de um estilo e de uma forma, ao passo que as brumas sejam admiradas sob outras, que a solidez e a permanência contribuam para uma norma de beleza, ao passo que a fluidez e a efervescência sejam a alma de outra? Se for assim, então existe um elemento de contingência pura no âmago dos valores, uma contingência que só pode ser elucidada historicamente, por meio de explicações às quais falta o elemento da necessidade. Essa contingência coloca limites à inteligibilidade do valor e pode influir na nossa compreensão da natureza da sua universalidade. Mas essas são questões que pedem muito mais reflexão.

3. O valor de estar vivo

1. Enquadrando a questão

A título de introdução: vou endossar o ponto de vista de Epicuro de que "a morte para nós não é nada"[1], ou melhor, uma versão dele. As minhas razões não são as mesmas que as de Epicuro e não dependem de endossar o ponto de vista de que o bem ou o mal existem apenas nas sensações. A vida humana, é o que vou discutir, não é de modo nenhum intrínseca e incondicionalmente valiosa. Os antigos tinham muitas dúvidas sobre se a vida das pessoas era-lhes um bem ou não, e o meu argumento não vai ser mais do que uma variante de algumas delas. Vou usá-la para argumentar a favor do ponto de vista de que a vida é uma precondição do bem e em geral um bem condicional, mas que não é incondicional e intrinsecamente boa[2]. A isso vou chamar de *a tese*.

---

1. Extraído da sua Carta a Meneceu.
2. Vou me referir às coisas ora como sendo boas e tendo valor, ora como sendo valiosas. Em linhas gerais, algo é instrumentalmente bom se é bom por causa do valor das conseqüências que vai ou que pode ter, ou por causa do valor das conseqüências para cuja execução pode ser usado. O dinheiro e as ferramentas são instrumentalmente bons no segundo sentido. Tomar remédios para curar uma doença é instrumentalmente bom no primeiro. Qualquer bem que não seja instrumentalmente bom é intrinsecamente bom. Esse é um modo um tanto amplo de conceber os bens intrínsecos. Alguns bens intrínsecos, por exemplo, revelam-se bens condicionais. Os bens condicionais são aqueles que são bons porque algo mais é bom, quando a relação entre ambos é um relação necessária.

O enfoque subjacente à tese pode ser descrito assim: a vida das pessoas pode ter valor (ou ser boa, ou ser valiosa – vou usar várias expressões para designar aproximadamente a mesma idéia) ou não ter valor nenhum. Ela pode ser má apenas com valor negativo (assim como, é claro, ser má no cômputo geral, isto é, com bem e mal, mas com predomínio do mal). O valor da vida de uma pessoa é determinado pelo valor das suas ocupações, dos seus relacionamentos e das suas experiências, em suma, pelo valor do seu conteúdo[3]. O valor de continuar vivo depende do valor do conteúdo da vida de uma pessoa, se é que ela deve permanecer viva por mais tempo. Por outro lado, esse valor talvez dependa do que é razoável esperar que seja o conteúdo da sua vida futura. O conteúdo (ou o conteúdo razoavelmente previsto) da vida de uma pessoa pode ser bom ou mau. Qual é esse conteúdo é algo contingente. Não se pode deduzir nada a partir daí quanto ao valor da vida em si ou quanto ao seu conteúdo.

Mesmo os defensores da tese podem acreditar que a sua veracidade é uma questão de refinado interesse teórico. Como é possível que a diferença entre a vida ser boa e a vida ser uma precondição do bem tenha importância na prática (sobretudo se, ainda que intrinsecamente boa, pode conter más experiências que a tornam má no cômputo geral)? Creio que isso não está bem entendido. Acho que há uma grande resistência em aceitar a tese e pouca esperança de que ela se torne o ponto de vista comumente aceito. Mas, se chegasse lá, faria muita diferença na percepção usual que se tem das questões relativas à vida e à morte. Evidentemente, há riscos de que ela ou de que as suas conseqüências sejam mal interpretadas e dêem maus resultados. Se fosse avaliada corretamente, porém, poderia nos poupar muita argumentação tortuosa. Não vou aqui tentar defender essa causa. Mas, antes de começar a debater a tese, gos-

---

3. Bem como pelo modo como a sua vida chegou a ter esse conteúdo (por escolha ou por necessidade, etc.).

taria de dar um exemplo da sua importância prática, extraído do caso das gêmeas siamesas conhecidas como Jodie e Mary, quando a Corte de Apelação da Inglaterra viu-se obrigada a decidir se ordenava (ou aprovava) a operação que as separaria, o que mataria Mary, ou se concordava com os pais, que se recusavam a permitir a operação, com o que as duas irmãs morreriam em poucos meses. Levando em consideração o interesse de Mary, o Juiz Ward, da Corte Suprema, declarou o seguinte em nome da Corte (segundo o que foi publicado no *The Guardian*):

> Decidir no que se baseia o bem-estar de Mary é mais difícil. O juiz sentenciou, e concordo com ele, que o seu estado é deplorável e não tem esperanças de melhora... Para mim, a principal dificuldade está na sua sentença de que, se Mary não for separada, os poucos meses de vida que lhe restam "seriam muito dolorosos, sem valor nenhum para ela". Isso o levou a concluir que "prolongar a vida de Mary por esses poucos meses seria agravar fortemente o seu estado".
>
> Nesse caso, o que importa não é se esses meses que lhe restam seriam dolorosos ou não. O que importa realmente e o que é de interesse público é a avaliação de que a vida de Mary não vale nada... A doutrina da inviolabilidade da vida é tão consagrada como um princípio fundamental da lei e exige tanto respeito da lei que sou forçado a interpretar que cada vida tem um valor inerente a si mesma, por mais grave que seja a debilitação de algumas das funções do corpo. Fico satisfeito em saber que a vida de Mary, desenganada como está, ainda possui um valor e uma dignidade indeléveis. No meu juízo, o douto juiz errou em sentenciar que ela não valia nada. Também estava errada a sua sentença de que prolongar a vida de Mary seria agravar fortemente o seu estado[4].

Não sustento que o Juiz Ward estava legalmente errado. Mas, se a veracidade da tese tivesse sido reconhecida pela maioria, ele não teria sido forçado a adotar o ponto de

---

4. Re A (Children), extraído de *The Guardian*, sábado, 23 de setembro de 2000.

vista infundado que adotou, para então encontrar um argumento complexo para desfazer as suas conseqüências (porque a operação que mataria Mary foi aprovada pelo tribunal, que decidiu, entre outras coisas, que, "Embora Mary tenha o direito à vida, ela tem pouco direito de estar viva", e julgou que o melhor interesse das "gêmeas", tomadas como uma só entidade, seria atendido pelo sacrifício do interesse de Mary ao de Jodie). Ele poderia ter contado simplesmente com o veredicto sobre o melhor interesse da própria Jodie. Nem esse nem qualquer outro exemplo são definitivos perto da diferença prática que faria uma clara concepção da tese. Para o restante deste capítulo, interessa apenas a sua veracidade, e não a sua importância prática.

O exame da tese vai se dar da seguinte maneira. Esta seção vai incluir algumas reflexões adicionais sobre a natureza da questão a ser agora examinada, distinguindo-a de outras questões não levantadas aqui. A seção 2, pelo exame de três argumentos falhos da tese, vai fazer o reconhecimento de algumas das complexidades que a cercam, em especial o modo como o valor do conteúdo da nossa vida está relacionado com a nossa mortalidade, e as diversas atitudes que pode ser razoável manter em face da morte. A seção 3 vai examinar a tese diretamente. A seção 4 vai considerar se o desejo de permanecer vivo entra em conflito com a tese, ao passo que a seção 6, a última, vai fazer o mesmo com o medo da morte. Ela conclui que, embora não possa ser condenado geralmente como irracional, o medo da morte não refuta o ponto de vista defendido aqui. Antes, na seção 5, defendo a hipótese fundamental do meu argumento. Ela pressupõe de modo decisivo que podemos separar a vida do seu conteúdo, que podemos julgar a vida como sendo não intrinsecamente valiosa, e sustenta que o valor de estar ou ficar vivo depende do conteúdo dessa vida, conteúdo que pode tornar a vida boa, má ou indiferente. Em contrapartida, pode-se argumentar que não há como separar a vida de alguns aspectos (intrinsecamente valiosos) do seu conteúdo. Na seção 5, vou fazer a crítica desse ponto de vista, a partir da forma que lhe deu Tom Nagel.

O valor da vida e da sobrevivência pessoal

Quero falar sobre o valor da vida. No entanto, esse assunto é esquivo. Na superfície, ele abrange (pelo menos alguns aspectos de) matérias tão diversas como as atrocidades da agressão e do suicídio, a proibição absoluta da tortura, o modo como tratamos os membros de outras espécies, as razões para preservar as espécies existentes, o fornecimento de serviços de saúde, a erradicação da fome e da desnutrição, a atrocidade, se é que há alguma, do suicídio, as razões para ter filhos e as razões para deixar de tê-los, e muito mais.

Ainda que se restrinja a atenção ao valor da vida *humana*, a diversidade das questões muitas vezes classificadas sob esse tópico é desconcertante. Não é fácil entender como um só valor, ou um só requisito deontológico, pode dar conta de todas elas. O problema é que, se supomos que a vida humana tem valor, ou seja, um valor ligado a qualquer vida humana, é difícil dar conta da diferença, por exemplo, entre as razões para ter mais filhos e as razões contra matar pessoas tendo exclusivamente isso como referência. É possível que a variedade de razões presente nesses e em outros casos freqüentemente aventados para exemplificar o valor da vida pode na verdade não derivar de um único valor. Para dar conta da diversidade de interesses, talvez se tenha que evocar uma série de valores diferentes. Assim, o que é que os une a todos no fato de manifestarem o valor da vida?

Vou ladear essas dúvidas e esses problemas concentrando-me numa só questão, qual seja, a questão da sobrevivência pessoal, a questão de continuar vivo. No tocante à terminologia, vou falar alternadamente do "valor da sobrevivência", do "valor da existência prolongada", do "valor de continuar vivo" e do "valor da vida". Nenhum desses termos é inteiramente adequado. "Sobrevivência" sugere a presença de ameaças e de luta. Embora estas sejam bastante conhecidas, a sua presença não é essencial ao valor que vou focalizar aqui. Vou usar todas essas expressões para me referir ao valor, se é que há algum, de um ser humano vivo que permanece vivo no mínimo um pouco mais de tempo. Com o uso da frase "o valor da vida", não se quer dizer outra coisa.

Uma das vantagens de formular o problema desse modo é não imbuí-lo de nenhuma implicação quanto ao valor de criar uma vida nova. Algumas pessoas acreditam no valor da vida em sentido mais amplo. Elas acreditam que há valor em criar ou ocasionar uma vida nova. Quanto mais, melhor. Sou da opinião de que a sobrevivência é valiosa demais para ser menos polêmica. É por isso que a coloquei em foco.

Outra vantagem desse modo de enquadrar o assunto é a distinção que permite fazer entre o valor da vida passada das pessoas e o valor da sua sobrevivência. Parece-me possível acreditar que a minha vida até esta data teve algum valor, e ainda assim acreditar que o fato de eu continuar vivo não tenha valor nenhum. De maneira semelhante, parece possível considerar que a vida de uma pessoa não teve nenhum valor até agora, mas que isso torna ainda mais importante que ela deva prosseguir vivendo: a falta de valor da vida passada de uma pessoa torna mais valiosa a sua sobrevivência. Sejam sempre verdadeiros ou não esses pontos de vista, eles parecem significativos, e às vezes não sem certa plausibilidade. A sua possibilidade não nos obriga a concluir que o valor da vida passada das pessoas é diferente em espécie do valor da sua sobrevivência, mas deixa espaço para essa possibilidade, que desejo deixar em aberto, pelo menos de início.

Outro aspecto no qual o valor da sobrevivência pessoal é mais restrito do que o valor da vida é que ele não chega a abarcar a consideração do valor da vida de outros animais nem da sobrevivência das espécies. Acredito que a discussão a seguir é importante em todos esses casos, mas não resolve automaticamente os problemas que eles trazem à luz. Estes não serão abordados.

O valor pessoal e impessoal da sobrevivência

A tese de que a vida não tem um valor incondicional intrínseco para a pessoa de cuja vida se trata parece coerente na superfície com a suposição de que ela pode ter um valor impessoal. O que tem um valor impessoal (intrínseco) é bom (*simpliciter*), embora não necessariamente bom para qualquer um, e por certo não necessariamente bom para todo o mundo. Entretanto, se a sua própria vida não tem valor para as pessoas, há um aparente paradoxo em sustentar que ela tem um valor impessoal. Em geral, algo que seja bom *simpliciter*, e não é incoerente com o que é bom para mim por outros motivos, é bom para mim se posso me engajar nisso de modo correto. Assim, se a minha vida é boa *simpliciter*, aparentemente ela não será boa para mim somente se entrar em conflito com o que seria bom para mim de outro modo. Embora possamos aventar casos em que a morte seria boa para uma pessoa (se ela está, por exemplo, na fase terminal de um câncer penoso), não é o que acontece em geral. Portanto, parece que, se é boa *simpliciter*, a minha vida também é boa para mim, com exceção dos casos especiais. Ou, por contraposição, uma vez que não é boa para mim, ela não é boa *simpliciter*. No entanto, esse argumento pressupõe que, se é boa *simpliciter*, então ela é um bem no qual posso me engajar. Poderia ser diferente? A minha vida poderia apresentar aos outros um valor com o qual eles seriam capazes de se relacionar de um modo que para mim estaria inacessível? Nesse caso, ela talvez seja um bem impessoal sem ser boa para mim. Vou voltar a essa possibilidade no próximo capítulo.

2. O valor pessoal da sobrevivência perpétua

O argumento da ausência de um beneficiário

Para compreender a tese na sua exata significação, precisamos primeiro dissociá-la de alguns argumentos malsucedidos. Talvez o mais conhecido seja o argumento de que, se a sobrevivência é boa para os sobreviventes, a morte é necessariamente má para eles[5]. Mas a morte não pode ser má para as pessoas antes que morram, uma vez que ela ainda não aconteceu. E não pode ser má para elas depois que morrem, porque elas já não estão presentes para sofrer esse mal. Visto que depois da morte uma pessoa não sofre a perda da sua vida, essa perda não pode ser má para ela, e, portanto, a sobrevivência não pode ser boa para ela.

O argumento é paradoxal porque equivale a dizer que a perda da vida não pode ser uma perda, uma vez que, ao se ter perdido a vida, já não há nada a perder. Isso seguramente está errado, porque, ao se ter perdido a vida, a perda, se é que se trata de uma, já ocorreu. Está errado dizer que, ao se ter perdido a vida, já não se está presente para sofrer a perda, ou seja, a perda da vida. A ausência do sujeito da perda depois da sua morte não tem importância. A questão é saber se, caso essa pessoa não tivesse morrido, caso ela tivesse vivido por mais tempo, a sua sobrevivência teria sido boa para ela. Isso pode se dar de vários modos. É possível, por exemplo, que, se essa pessoa tivesse vivido por mais tempo, a sua vida tivesse sido melhor e mais bem-sucedida como um todo. Ou talvez o seu caráter tivesse se aprimorado e ela tivesse se tornado uma pessoa melhor. Nesse caso, continuar a viver teria sido bom para ela. A ausência de um sujeito depois da morte não tem importância.

O valor da mortalidade

Uma objeção mais grave é que a mortalidade é vital para a nossa experiência. A nossa experiência de muitas coi-

---

5. Aqui, como sempre, entendo que, se a morte (em comparação com o morrer) é má, isso se deve somente às coisas das quais ela priva o moribundo. Esse ponto de vista é às vezes chamado de teoria da privação da maldade da morte. Mas, como vai ficar claro adiante, não penso que a sobrevivência seja tudo o que a morte pode nos negar. Ela também influi no sentido da nossa vida antes de morrermos, para bem e para mal. Ela pode nos negar oportunidades enquanto estamos vivos.

sas que são boas (e más) está vinculada à sua temporalidade e à sua finalidade, está vinculada ao fato da unicidade, ao fato de que a escolha implica uma renúncia: optar por uma carreira, por uma pessoa amada, por um jogo de futebol. Se você pudesse sempre jogar o jogo novamente e trocar de parceiros ou de carreiras sem perdas, etc., eles não teriam o significado que têm. A minha questão não é que não teriam nenhum significado. É só que não podemos obter mais coisas boas nas *nossas vidas* vivendo para sempre.

De modo semelhante, cada aumento considerável na longevidade transforma os significados. Isso vai se tornando evidente na duração das nossas próprias vidas, assim como nos países desenvolvidos a longevidade foi aumentando consideravelmente ao longo do século passado. O significado da aposentadoria e do trabalho mudou. Os períodos de gravidez e as fases da vida também mudaram, etc.

Isso importa? Talvez os valores que realizamos na nossa vida estejam na sua maioria vinculados à nossa mortalidade. Não obstante, mesmo que fôssemos imortais, os bens posicionais ainda seriam únicos: apenas uma certa pessoa pode ser o meu primeiro amante, apenas uma certa casa a minha primeira casa, e assim por diante. Ser amante de John antes de ser amante de Mary não daria no mesmo se a ordem dos relacionamentos se invertesse. De modo semelhante, ser um pastor que já foi advogado tem um significado diferente de ser um advogado que já foi pastor. A ordem dos bens vai investi-los de significados específicos. Assim é hoje e assim seria, ainda que de outro modo, se as pessoas fossem imortais. A unicidade e a significação da escolha não desapareceriam com a imortalidade. Um exemplo disso é o fato de que a longevidade prolongada muda os significados das opções disponíveis mas não os elimina totalmente.

Os argumentos baseados no valor positivo da mortalidade têm, portanto, um ponto fraco principal. Eles determinam que algumas, ou talvez muitas até, das opções de valor realizáveis pelos seres humanos pressupõem algumas qualidades da nossa experiência e da nossa capacidade de ter experiências, que por sua vez pressupõem a nossa mortalidade ou mais ou menos a longevidade que conhecemos. Mudanças radicais na longevidade, portanto, tornariam essas opções inacessíveis às pessoas. Daí não se segue, e os argumentos não fundamentam isso, que os próprios fatos da unicidade que conferem à escolha e aos engajamentos a sua pungência desapareceriam com o aumento radical da longevidade.

Ainda assim, esses argumentos são instrutivos na medida em que corrigem um equívoco muito comum. Algumas pessoas pensam que a longevidade prolongada vai lhes dar mais oportunidades de desfrutar as opções de valor de que ouviram falar. Isso pode acontecer se elas desfrutarem um aumento mínimo da longevidade. Se é o que desejam, a imortalidade vai decepcioná-las. A imortalidade ou um prolongamento bastante significativo da sua vida, sejam quais forem os benefícios que possam trazer, não vão trazer os benefícios de que ouvimos falar hoje. Antes, vão eliminar as opções de valor que temos hoje e conduzir a outras, que nos são desconhecidas. Quem estava à procura de mais ou de mais e melhor do mesmo vai se decepcionar[6].

Chegou a hora de apresentar três *caveats* referentes ao escopo do argumento anterior, *caveats* que se aplicam também ao que se segue. Primeiro, o argumento pressupõe que a longevidade ou a mortalidade sejam alcançadas por todos. Acredito que as situações em que uma só pessoa é imortal ou goza de uma longevidade muito além da de qualquer outra diferem disso apenas em grau. Talvez outros arranjos (meio a meio, um terço ou dois terços, etc.) sejam mais interessantes, mas levá-los em consideração não vai afetar o argumento de base exposto acima. Segundo, estou pressupondo que os fatos básicos relativos à longevidade das pessoas sejam do conhecimento de todos. Na verdade,

---

6. Isso depende, é claro, de qual é a penetração da dependência dos bens acessíveis às pessoas na sua vida em relação à duração ordinária dessa vida. Suponho que seja realmente muito grande. Mas isso é discutível.

pode-se afirmar que o argumento anterior trata das conseqüências da crença na imortalidade ou na longevidade prolongada, e não das conseqüências desses fatos em si. Terceiro, estou desconsiderando questões relativas à possibilidade do suicídio e o efeito que essa possibilidade, se é que ela pode existir, teria sobre o significado das opções que fazemos nas nossas vidas. Embora legítimas, essas observações não abalam a força do argumento. Por exemplo, na falta de maiores esforços para perpetuar uma falácia em massa, numa escala jamais alcançada pela humanidade até agora, os fatos da imortalidade logo se tornariam do conhecimento de todos. Além disso, as conseqüências indesejáveis em grande escala dessa ignorância e dessa falácia deveriam anular quaisquer tentativas de procurá-las.

Tendo em vista tudo o que foi dito, temos que reconhecer que as considerações anteriores não tocam realmente no valor intrínseco da vida eterna. Elas tratam dos conteúdos dessa vida, e não da vida em si. Elas não significam que a vida tem valor mesmo que os seus conteúdos mudem? Nada do que foi apontado acima lança luz sobre essa questão. Podemos ainda sustentar a tese de que a vida não tem nenhum valor intrínseco, que o valor reside não na vida em si, mas apenas no seu conteúdo. Podemos sustentar que a vida não passa de uma precondição daqueles conteúdos.

O argumento de Lucrécio

Outro argumento bem conhecido da tese, mas em última instância malsucedido, vem de Lucrécio. Lucrécio argumentava que a morte não pode ser má para os mortos, baseando-se, entre outras razões, no argumento da assimetria. Se a morte é má para as pessoas, não pode ser por causa da maldade da não-existência num tempo em que se poderia estar vivo (como parece exigir a teoria da privação). Se a morte é má nesse sentido, argumentava Lucrécio, é porque a nossa não-existência é má. No entanto, se a nossa não-existência *post-mortem* é má, não devemos reconhecer que também o é a nossa não-existência antes do nascimento? Se temos razão em pensar que morrer numa determinada hora é pior do que morrer mais tarde, então deveríamos acreditar também que nascer numa certa hora é pior do que nascer mais cedo. No entanto, não consideramos como sendo mau o fato de termos nascido quando nascemos e não mais cedo. Portanto, tampouco deveríamos considerar como sendo mau para nós o fato de morrermos quando morremos e não mais tarde.

O argumento persuadiu uns poucos a revisarem os seus pontos de vista sobre a não-existência pré-natal[7], e muitos outros autores procuraram evitar a conclusão do argumento negando a assimetria entre as existências pré-natal e *post-mortem*[8]. Creio que ambas as respostas erram o alvo. Deixam de perceber que o argumento de Lucrécio envolve duas atitudes distintas, uma para com a extensão da vida (preferências relativas à longevidade) e a outra para com o tempo em que essa vida vai ter lugar (preferências relativas à localização no tempo). Uma vez entendido de maneira adequada o relacionamento entre as duas, o argumento de-

---

7. Ver, por exemplo, F. Feldman, "Some Puzzles about the Evils of Death", *The Philosophical Review*, 100 (1991), 205, em 223.

8. Um argumento influente nessa direção foi o de T. Nagel, que (em "Death", em *Mortal Questions*, Cambridge, Cambridge University Press, 1979) argumentava que, exceto algumas pequenas mudanças no momento do nascimento, é impossível que as pessoas nasçam muito antes do momento em que nascem (uma vez que a sua identidade é fixada pelo seu DNA, que por sua vez é determinado na concepção), ao passo que poderiam morrer muito depois do momento em que morrem. Nagel nunca teve muita certeza se essa assimetria explicava ou não as nossas diversas atitudes em face das não-existências pré-natal e *post-mortem*, e em alguma medida alterou o seu ponto de vista em *The View From Nowhere* (Oxford, Oxford University Press, 1986). [Trad. bras. *Visão a partir de lugar nenhum*, São Paulo, Martins Fontes, 2004.] A alegação de Nagel sobre a impossibilidade de um nascimento antecipado foi retomada de forma diferente por F. Kaufman, cujo argumento não dependia da pura identidade, e sim de uma certa noção da identidade consistente que se desenvolve pouco a pouco durante a vida de uma pessoa (ver "Pre-Vital and Post-Mortem Non-Existence", *American Philosophical Quarterly*, 36 (1999), 1 em 10ss.).

saparece, mas adquirimos um entendimento melhor e mais matizado das possíveis atitudes razoáveis em face da morte.

 Algumas pessoas acham que estariam em melhores condições, ou que sua vida seria melhor, se vivessem mais tempo do que vão viver. Essas mesmas pessoas alimentam a fantasia de viver num tempo diferente do tempo em que realmente vivem. Talvez acreditem mesmo que estariam em melhores condições se fosse assim, ou que a sua vida seria melhor. Talvez pensem que estariam em melhores condições se vivessem num passado que consideram ideal ou particularmente apropriado ao seu temperamento, por exemplo. Ou talvez desejem ter nascido numa época posterior, quando, como pensam, haveria cura para uma deficiência de que sofrem ou certos talentos que possuem receberiam maior apreço.

 É evidente que as crenças do segundo tipo (a aspiração à localização temporal) são distintas e independentes das crenças do primeiro (a aspiração à longevidade). Pode-se ter uma crença quanto à aspiração de desfrutar uma localização diferente no tempo sem acreditar no valor de uma longevidade mais extensa. De modo semelhante, pode-se acreditar no valor de uma longevidade mais extensa sem ter nenhuma opinião sobre o mérito das diferentes localizações no tempo.

 É verdade que a longevidade de uma pessoa afeta a sua localização no tempo. É preciso ter vivido pelo menos cento e trinta anos para ter testemunhado tanto o incêndio de Moscou como o cerco de Leningrado. Ademais, os pontos de vista de muitas pessoas sobre a aspiração à sua própria longevidade são influenciados pelas conseqüências que ela vai ter em relação à localização que essas pessoas ocupam no tempo: algumas querem ter mais cinco anos para chegar a conhecer os seus netos, cujo nascimento esperam que aconteça por essa época; outras querem morrer logo para não assistir à morte dos seus filhos ou para não testemunhar algum acontecimento que as apavora. Embora muitos pontos de vista sobre a aspiração a diferentes localizações no tempo afetem os pontos de vista sobre a aspiração à longevidade, as duas são logicamente independentes. Uma pessoa não precisa ter nenhum ponto de vista sobre os méritos correlatos das diferentes localizações no tempo para acreditar no valor que tem para si a sua longevidade.

As pessoas que consideram a morte como um mal em si (e não por causa de algumas conseqüências contingentes que a morte talvez traga para elas ou para outros) podem se confundir de vários modos. Se há um ponto de vista claro e verdadeiro a ser expresso com naturalidade, é provavelmente o ponto de vista de que uma vida mais longa é, em si e por si mesma, melhor do que uma vida mais curta. É o ponto de vista de que a longevidade tem valor intrínseco, ainda que em certas circunstâncias os seus benefícios sejam sobrepujados pelos conteúdos funestos ou infelizes de uma vida. No entanto, se é isso o que as pessoas querem dizer quando afirmam que a morte é má para alguém, então não há nenhuma assimetria entre as existências pré-natal e *post-mortem* implícita no seu ponto de vista. Elas lamentam o fato de que vão morrer aos vinte, aos quarenta, aos oitenta ou em qualquer outra idade, e não porque têm mais dez, vinte ou trinta anos para viver.

Segundo essa interpretação, Lucrécio está errado ao pensar que a preferência das pessoas pela longevidade é injustificada porque manifesta uma assimetria *post-mortem*/pré-natal injustificada. Ela não manifesta nenhuma assimetria desse tipo, porque não implica nenhuma preferência pela localização, mas apenas uma preferência que diz respeito à longevidade. Somente uma preferência pela localização, porém, pode manifestar assimetria, e nenhuma preferência desse tipo está necessariamente envolvida na preferência por uma longevidade prolongada.

Talvez isso seja uma leitura equivocada do argumento de Lucrécio. Pode-se entender que esse argumento alega que as pessoas têm duas preferências gerais. Elas (a) preferem uma longevidade prolongada e (b) preferem viver os anos extras que a longevidade prolongada vai lhes dar depois do tempo em que de outro modo morreriam, e não antes do tempo em que de fato nasceram. Essa segunda preferência manifesta a assimetria. Mas, prossegue o argumento de Lucrécio, uma vez que a primeira preferência é em si mesma indiferente quanto ao lugar em que se situa a vida extra, ou seja, se antes do nascimento ou depois da morte, segue-se daí que a segunda preferência das pessoas, a preferência pela localização, é injustificada. Como a preferência assimétrica pela localização é (virtualmente) universal e razoável, segue-se que a preferência pela longevidade é injustificada.

Esse argumento, porém, é evidentemente nulo. A sua conclusão teria procedência somente se lhe fossem acrescentadas outras premissas. Aqueles que têm a preferência pela longevidade, por exemplo, podem ficar desconcertados se acreditarem também que ela acarreta a preferência assimétrica pela localização ou se pensarem que sem a preferência assimétrica pela localização seria irracional ter essa sua preferência pela longevidade. Ou que a preferência assimétrica pela localização pode ser irracional em si mesma, mas que sem ela as pessoas não teriam uma preferência pela longevidade prolongada. E há outros meios de apresentar mais hipóteses a respeito das relações entre as duas preferências que podem desconcertar aqueles que sustentam a ambas.

Desconheço quaisquer premissas verdadeiras que tenham esse efeito. Qualquer pessoa que manifesta a preferência por ter uma vida mais longa acha natural equacioná-la à preferência por ficar viva mais tempo, ou seja, por não morrer em breve. Isso se deve simplesmente ao fato de que mudar o passado (mudando a data de nascimento) é impossível, como é impossível sequer cogitar em situar a vida extra que uma pessoa acredita que seria boa para si numa localização temporal outra que não em contigüidade com a sua vida presente e em continuidade com o futuro afora. A assimetria que Lucrécio flagrou não está no que é desejável (na vida *post-mortem* e não na vida pré-natal), mas no que se acredita ser o meio mais factível ou o menos impossível (a vida prolongada e não a vida pré-datada) de alcançar o que é desejável (uma longevidade mais extensa). Esse objeto do desejo não revela nenhuma assimetria, tampouco se costuma ter uma preferência assimétrica pela localização[9]. As pessoas simplesmente acreditam na assimetria entre o poder de mudar o passado e o poder de mudar o futuro.

Decerto estou deixando escapar alguma coisa. Suponhamos que o gênio saia da lâmpada e, atendendo ao meu desejo, ofereça-me dez anos extras. Generoso, ele deixa a meu encargo escolher entre mudar o meu passado, de modo que vou morrer agora mas com a idade de oitenta e não de setenta anos, e portanto vou ter vivido mais dez anos, ou mudar o meu futuro, de modo que vou morrer de fato aos oitenta, mas só daqui a dez anos. Não é evidente que vou escolher a segunda opção, e que essa é a assimetria na qual se baseia Lucrécio?

Talvez não seja tão evidente qual das opções as pessoas vão fazer. Algumas podem ter um desejo especial ligado ao passado. Um comunista convicto talvez acalente o desejo de ter nascido dez anos mais cedo para poder ter conhecido Lênin. Pode optar por ter os seus dez anos extras no passado. Assim também uma pessoa com razões para pensar que o futuro não lhe reserva nada de muito bom. Por outro lado, algumas pessoas são guiadas por um desejo de conhecer o mundo em geral e a história da humanidade em particular. Estas vão optar por estender a sua vida em direção ao futuro, visto que, embora possam obter um conhecimento do passado por via indireta, não vão saber o que se encontra no futuro a menos que continuem vivas até lá[10]. Não é nesse tipo de assimetria contingente passado/futuro que se baseia Lucrécio. Podemos, contudo, neutralizar

---

9. Exceto no sentido banal de que as pessoas querem que a sua preferência pela longevidade seja compreendida do único modo possível, isto é, como extensão da sua vida em direção ao futuro.

10. Sou grato a Ken Ehrenberg por ter chamado a minha atenção para essa possibilidade.

fatores como esses imaginando que o gênio nos garanta que a qualidade da nossa vida, em correlação aos nossos desejos conforme são agora, ou conforme acreditamos que venham a ser no futuro, vai permanecer a mesma, qualquer que seja a nossa opção. Desde que neutralizados esses fatores, parece plausível pensar que as pessoas vão preferir estender a sua vida em direção ao futuro e não em direção ao passado[11].

Não acho, porém, que seja essa a assimetria que pede o argumento de Lucrécio. A assimetria reflete uma preferência pela localização. Para se vincular ao valor da vida, o argumento precisa conectá-lo com uma preferência pela longevidade. Isso ele não consegue fazer. Vou explicar essa questão passo a passo. Distingamos dois tipos de preferências pela localização, correspondentes aos dois tipos de séries de tempo, a série relacional, determinada pelas relações "antes/depois/ao mesmo tempo" dos eventos, e a série in-

---

11. Tom Nagel sugeriu um modo de pensar essa possibilidade sem invocar o poder mágico de mudar o passado. Suponhamos que o gênio dissesse: "talvez você tenha nascido de fato dez anos antes da data em que você pensa que nasceu. Posso lhe dizer se foi assim e inclusive fazer voltar a memória de tudo o que lhe aconteceu durante esses anos (até o nível normal em que você costuma se lembrar da sua vida passada). Quer que eu faça isso?" Podemos não nos importar muito com o fato de ele vir a fazê-lo ou não. Se ele apresenta a alternativa entre nos revelar a verdade sobre o passado e a chance de acrescentar dez anos à nossa vida no futuro (anunciando-nos de antemão que os riscos são os mesmos), é bem menos provável que optemos pelo conhecimento do passado.

É preciso convir que esses juízos contrafactuais não são muito seguros. Creio que não se trata de uma fragilidade do uso, ou desse uso, dos contrafactuais. A nossa incerteza a seu respeito reflete a nossa incerteza a respeito das nossas atitudes em face de vários aspectos da nossa existência. Um fator não neutralizado nem pela versão de Nagel, por exemplo, é a preferência que as pessoas podem ter por serem como são. Uma mudança no seu passado, e mesmo a memória reconstituída do seu passado, arriscaria trazer consigo uma tal mudança na sua vida que alteraria o próprio entendimento do que elas parecem ser. Algumas podem gostar disso. Outras achariam isso muito desconcertante. Esse fator em si mesmo pode explicar algumas das nossas preferências pela localização independentemente de qualquer preferência pela longevidade, e também essa explicação abala o argumento de Lucrécio em vez de reforçá-lo.

dexical, determinada pelas relações "agora/depois de agora (no futuro)/antes de agora (no passado)". As preferências pela localização às quais fiz menção até aqui são preferências relacionais, preferências por viver no tempo de certos eventos, ou antes deles, etc. Quando aleguei que interpretava mal o argumento de Lucrécio, queria dizer que o entendia como pressupondo que todos nós compartilhamos uma só preferência indexical pela localização, visto que não temos outra. Todos nós preferimos viver tanto quanto possível voltados para o futuro, enquanto não preferimos nos tornar mais velhos agora, ou seja, ter nascido num passado mais distante do que aquele em que nascemos.

O argumento de Lucrécio fica mais bem estruturado quando reconhecemos que ele implica um deslocamento da preferência indexical pela localização para uma preferência pela longevidade ou vice-versa? É claro que não. Podemos admitir (1) que as pessoas não só acreditam na impossibilidade de mudar o passado, mas que além disso têm uma preferência indexical pela localização no sentido de haver mais vida pela frente do que de fato haverá, e (2) que isso demonstra uma assimetria na sua atitude, porque elas não têm a análoga preferência indexical pela localização no sentido de haver mais vida antes do nascimento do que de fato houve. Para ser bem-sucedido, o argumento de Lucrécio precisa fundamentar que é desarrazoado manter essa preferência indexical pela localização lado a lado com a preferência pela longevidade. Pode-se demonstrar que a preferência indexical pela localização não acarreta uma preferência pela longevidade. A história do gênio acabou fazendo isso. No entanto, não há como passar dessa conclusão à assertiva de que as duas preferências são incompatíveis ou ao fato de que as suas razões são incompatíveis. Pode-se desejar a longevidade porque se acredita no valor da vida e ter a preferência indexical pela localização devido a uma variedade de outros fatores independentes.

Examinemos as possíveis razões da preferência indexical pela localização. Em primeiro lugar, essas razões vão ser independentes do valor da longevidade. Se a longevidade prolongada é boa porque uma vida mais longa é melhor do que uma vida mais curta, fica evidente que ela não tem nada a ver com a localização. Recordemos as opções no exemplo do gênio: alguma delas fala de uma vida melhor? Para tanto, seria preciso que, enquanto tudo o mais permanecesse igual, a minha vida fosse melhor se eu morresse aos oitenta anos em 2010 em vez de morrer aos oitenta anos em 2000. Mas essa conclusão é absurda. A minha longevidade é a mesma nos dois casos, e tudo o mais se manteve igual. Não há nada nos fatos dessa situação hipotética que possa tornar a minha vida entre 1920 e 2000 melhor do que a minha vida entre 1930 e 2010. Suponhamos que eu já tenha morrido e que estejamos agora em 2050 relembrando as proezas de gênios de outrora. Eu não me julgaria mais bem atendido por nenhuma das alternativas (isso talvez seja difícil de aceitar em virtude da dificuldade de entender a mudança do passado. Somos inclinados a pensar que isso não passa de fraude, como falsificar a certidão de nascimento e não mudar mais nada. Nesse caso, essa opção seria evidentemente pior, mas não é isso que o gênio nos oferece).

Sendo assim, que razões haveria para a preferência assimétrica pela localização? Fez-se referência a uma delas mais acima, qual seja, mudar o passado vai mudar o que somos agora, as nossas experiências e o nosso caráter. Algumas pessoas podem gostar disso, outras recuam só de ouvir falar. Uma outra razão é que preferimos não nos defrontar com a morte imediatamente[12], ou num futuro próximo, e isso independe de qualquer preferência pela longevidade.

---

12. Essa preferência assemelha-se de certo modo à especulação de Frances Kamm de que a morte talvez seja má porque significa que "está tudo acabado para alguém" (*Morality, Mortality*, Oxford, Oxford University Press, 1993, vol. I, *Death and Whom to Save from It*, p. 19). Não enfatizo o aspecto de que "está tudo acabado", e sim a ausência de significado do resto de vida que ainda está conosco. Isso não pressupõe que o desejo de que a vida não acabe seja cogente.

Como pode uma preferência por não encarar a morte no futuro próximo ser outra coisa que não uma preferência por estender a vida em direção ao futuro? É claro que ambas coincidem, e é por isso que não temos em geral nenhuma razão para distingui-las entre si, mas, se admitíssemos a existência de gênios, poderíamos ter o nosso gênio negociando algum tempo do nosso passado para não morrermos agora. Suponhamos que o gênio proponha o seguinte negócio às pessoas que estão agora com oitenta anos e que sabem que vão morrer nos próximos meses: ou elas morrem conforme o previsto, ou o gênio muda o passado e lhes nega dez anos de vida, o que implica a perda de todas as experiências contidas nesse tempo, e faz com que tenham agora apenas setenta anos. Em troca, elas ganham cinco anos de vida antes de morrer. Se, como imagino, algumas pessoas optarem por morrer mais jovens, mas não agora, então quer dizer que algumas pessoas valorizam o fato de não morrer logo, ainda que à custa da sua longevidade. De qualquer modo, esse exemplo mostra que as duas preferências são distintas e que apenas a preferência por não morrer logo, e não a preferência pela longevidade, revela uma inclinação para o futuro.

Como seria de esperar, nem todos têm o desejo de não morrer logo. Algumas pessoas mal podem esperar para morrer. Isso por si só chama a nossa atenção para o fato de que se trata de algo distinto de qualquer crença na aspiração à longevidade[13]. Pensando bem, a diferenciação do desejo de não morrer logo não surpreende. Supondo que seja impossível satisfazê-lo sem satisfazer o desejo de uma vida mais longa, não podemos esperar que as pessoas em geral se concentrem nas diferenças entre elas e entre as suas razões. No entanto, sabemos que a consciência da proximi-

---

13. O desejo é um desejo de todas-as-coisas-levadas-em-conta. Há dúvidas sobre se faz sentido pensar num desejo de outras-coisas-permanecendo-iguais com esse conteúdo. O exame dessa questão implica rastrear a fenomenologia de tais desejos mais pormenorizadamente do que seria permitido aqui.

dade da morte afeta a atitude das pessoas em face da vida que lhes resta. As reações variam muito, desde o mergulho no desespero até a hiperatividade, desde o abandono das preocupações efêmeras para terminar um livro, etc., até o abandono de todos os objetos que "transcendem a vida" para centrar foco na intensificação dos prazeres de cada momento vivido. Qualquer que seja a reação, e quaisquer que possam ser as reações racionais, é evidente que as nossas atividades têm um aspecto voltado para o futuro. Fazemos o que fazemos agora à luz de muitas crenças de base (de que o mundo vai seguir o seu curso normal, etc.), e entre elas estão as crenças quanto ao nosso próprio futuro. Quando estas se dispersam, o sentido da nossa própria vida, do nosso controle sobre o que estamos fazendo e sobre o seu porquê, a razão de ser das nossas atividades atuais, tudo isso é abalado. Circunstâncias especiais à parte, essa situação não é nem pode ser desejável. Ela é por demais desconcertante e ameaçadora. Não espanta que não a recebamos bem. O nosso desejo de não morrer logo é um aspecto da nossa atitude para com a vida que vivemos, e não para com a vida da qual a morte nos priva.

Nem todos que compartilham a preferência assimétrica pela localização vão julgar satisfatória a razão que acaba de ser apresentada. Muitos talvez sintam que as suas razões são muito diferentes desta, mesmo quando não têm certeza de quais sejam. O meu único intuito foi fundamentar com um exemplo a compatibilidade entre a preferência assimétrica pela localização, e ao menos algumas das suas razões, e a preferência pela longevidade, e ao menos algumas das suas razões. O meu objetivo não foi dar conta de todas as razões que as pessoas acham que têm para tanto, muitas das quais talvez fossem incoerentes e confusas. Não é preciso examiná-las para rejeitar o argumento de Lucrécio contra o valor da vida prolongada.

3. O valor pessoal de prolongar a vida

O argumento de base

Existem argumentos sólidos que sustentem a tese de que a vida não tem valor intrínseco para a pessoa a quem ela pertence? Continuar a viver é bom para todas as pessoas? Para avaliar essa tese, é útil colocá-la em contraste com uma alternativa mais branda. Assim, a questão que vamos examinar não consiste em saber se a vida eterna tem valor intrínseco para o seu possuidor, e sim em saber se ela é (intrinsecamente) boa para toda pessoa que permaneça viva por um pouco mais de tempo.

Tem pertinência aqui o caso das pessoas cuja perspectiva de vida restante é um sofrimento incessantemente agudo e mutilador ou não mais do que uma existência vegetativa. Em casos desse tipo, permanecer vivo, mesmo que por pouco tempo, não contribui para o bem geral dessas pessoas. É plausível, porém, alegar que ainda assim continuar a viver é bom para elas, embora esse bem seja sobrepujado pela dor e pelo sofrimento? Pessoalmente, acho essa idéia incompreensível. Pode-se expressar a incompreensão como um argumento? Talvez do seguinte modo: se há valor intrínseco no fato de se continuar a viver enquanto tal, então é preciso que seja possível explicar o que é esse bem. Todas as explicações do bem de uma vida giram em torno do bem de alguns aspectos dessa vida, ou seja, em torno do valor do conteúdo dessa vida, do valor do que está acontecendo nela. Contudo, não há nenhum conteúdo bom reservado a um doente terminal que sofre dores terríveis[14]. Portanto, não pode haver valor nenhum aí.

Se isso é um bom argumento, ele comprova a tese. O problema é que ele pressupõe o que busca fundamentar.

---

14. Isso é o que supõe o exemplo. É claro que há casos de doentes terminais de um câncer penoso que continuam a escrever livros nos breves respiros da dor, ou que reconfortam os amigos, etc. O exemplo foi simplificado para tornar a vida o mais desesperançada possível.

Pressupõe que o bem de uma vida está no seu conteúdo, e não na vida em si. Formular a questão desse modo pode induzir ao erro. Ele não supõe que há ou que pode haver vida sem conteúdo. Pressupõe simplesmente que, se a vida em si tem valor, então ela tem valor (embora não necessariamente um valor acachapante ou cabal), qualquer que seja o seu conteúdo. O argumento consiste em dizer que, uma vez que o conteúdo da vida pode ser bom ou mau, algumas pessoas talvez não tenham nada além de coisas más na vida que lhes resta, e portanto a sua sobrevivência prolongada não vai ter valor nenhum. Ele pode prevalecer sobre alguém que nega a premissa e alega que há valor em qualquer vida, independentemente do seu conteúdo? Aleguei que, se a vida em si tem valor, deve haver uma explicação do seu valor. No entanto, alguns negam até mesmo isso.

É possível que exista a vida separada de todo o conteúdo, pelo menos se o conteúdo pressupõe o conteúdo experiencial. Talvez o que chamamos de "vegetativa" seja uma vida sem nenhum conteúdo. Não sei se há ausência completa de conteúdo experiencial na vida das vítimas de um coma irreversível. No entanto, suponhamos uma tal condição, ou seja, uma condição em que a pessoa está viva, mas não tem, e nunca mais vai ter, nenhuma experiência. Uma vida desse tipo tem em si um valor para essa pessoa? Alguns podem dizer que sim, porque é errado terminar com essa vida. Falando abertamente, porém, essa resposta pressupõe mais do que pode ser aceito nessa etapa do nosso argumento. Ela supõe que apenas o valor da vida torna errado o seu término. Ademais, essa resposta também supõe que a nossa crença, se é que a temos, de que é errado terminar com a vida de uma tal pessoa é mais segura do que o nosso ponto de vista sobre o valor, ou sobre a falta dele, da sua existência prolongada.

O exemplo da vida que cessou de ter experiências, porém, não pode se haver por completo com a alegação de que a sobrevivência é intrinsecamente boa. Aqueles que acreditam que sim talvez afirmem simplesmente que nunca tiveram a intenção de abarcar também a vida sem experiências.

Referiam-se apenas à vida com experiências, quaisquer que fossem elas, mesmo que todas fossem unicamente más. O seu ponto de vista é plausível?

Deve-se admitir que ele se afina melhor com a opinião geral que acha difícil de aceitar a tese de que a sobrevivência pessoal não tem valor para o sobrevivente. A tese proposta no lugar, a de que a vida é uma precondição de qualquer coisa boa ou má que aconteça a alguém, embora obviamente legítima, não chega a condizer com a crença geral no valor da vida. Uma vez que a sobrevivência não é o que mais importa, ela pode entrar em conflito com outros valores. Sobreviver e ver-se livre de sofrimentos, ou viver experiências significativas, ou ter ensejos para exercer atividades significativas, tudo isso pode ser incompatível. Quando é assim, talvez no final das contas a morte, e não a sobrevivência, seja o melhor para o indivíduo em questão. Mas isso é coerente com o fato de que a sobrevivência é em si valiosa e boa para o sobrevivente.

O caso de uma vida de sofrimento agudo e paralisante deveria servir para negar isso, para mostrar que às vezes a sobrevivência não tem nenhum valor para o sobrevivente, que para ele não é bom permanecer vivo sob nenhum aspecto e em nenhuma medida. Em tais circunstâncias, não há perda de nenhuma espécie na perda da vida para a pessoa que a perde.

Se isso é um bom argumento contra a alegação de que a vida com experiências é intrinsecamente valiosa, independentemente do conteúdo das experiências, então esse argumento não precisa contar com casos em que as únicas experiências remanescentes são as de sofrimento agudo. A suposição de que apenas experiências de valor negativo vão se abater sobre uma pessoa serviria para mostrar que o fato de ter ficado viva não tem em absoluto nenhum valor. Creio que se podem encontrar outras situações tão persuasivas quanto o caso do sofrimento agudo. Se as únicas experiências das pessoas envolvidas forem, por exemplo, as da humilhação extrema, muitos hão de convir que a sua vida não tem o menor valor intrínseco. No entanto, se presumimos que as suas experiências são todas negativas mas não agudas, que elas são, por exemplo, experiências de sofrimento mas apenas de sofrimento leve, então o exemplo perde um pouco do seu apelo imediato. Há várias explicações possíveis para essa incoerência aparente[15]. As pessoas podem achar difícil imaginar, por exemplo, que podemos saber que aqueles que passam apenas por sofrimentos leves nunca vão vivenciar nenhuma experiência positiva, ao passo que todos nós estamos familiarizados com casos ou histórias de sofrimentos agudos terminais e podemos imaginar prontamente como é possível que nada de bom reste a alguém nessas condições. Portanto, seguimos as instruções de imaginar que nada de bom vai acontecer às pessoas que passam por sofrimentos agudos, mas instintivamente rejeitamos isso no caso das pessoas que passam apenas por sofrimentos leves. Isso é porque reagimos de maneiras diferentes às duas hipóteses.

Qualquer que seja a veracidade dessa explicação, deve-se admitir, como já se disse anteriormente, que o caso depende da suposição de que o valor de uma vida precisa ser encontrado nos seus conteúdos, uma suposição que algumas pessoas hão de negar. Não sei de nenhum argumento infalível para lhes fazer frente. Tudo o que posso fazer é desenvolver, passo a passo, um ponto de vista alternativo que seja mais plausível.

---

15. Em rigor, essa preocupação foge do assunto. A questão é fundamentar que é o conteúdo da vida que pode (ou não) ter valor, e não a vida em si. A vida é uma precondição para vivenciar experiências, agir, ter relacionamentos, mas é isso e não a vida que tem valor ou que pode deixar de ter valor. O caso do sofrimento agudo e terminal é uma razão bastante boa (embora não definitiva) para essa conclusão. Já na próxima etapa do argumento, ela pode ser insuficiente. Suponhamos que se admita que apenas os conteúdos da vida comportam valor intrínseco incondicional. Segue-se daí que os conteúdos têm valor negativo total se as experiências remanescentes de uma pessoa forem todas negativas, ainda que não extremas? Toco indiretamente nessa questão mais adiante ao discutir quando é razoável desejar viver mais tempo.

A sobrevivência é um componente de um bem pessoal?

Com essa questão em mente, devemos examinar ainda outra possibilidade: mesmo que em si não tenha valor para o sobrevivente, é possível que a sobrevivência seja um bem, pelo menos no sentido de que constitui um componente do que é bom para as pessoas. Se um dia de sol na praia é bom, bom para mim, não se segue daí que estar vivo nesse dia é parte do que é bom, uma vez que certamente o que é bom é estar vivo na praia em vez de estar lá morto? Contudo, é fácil constatar que o exemplo precisa ser entendido no sentido de mostrar que a vida não é parte do bem, mas uma precondição para que algo bom aconteça. Um componente do bem pode ser algo bom em si, mas também contribui para um bem maior composto de vários elementos. Nesse sentido, o calor do sol, o cheiro do mar, as cores vivas, as sensações tácteis da areia no corpo, a proximidade de pessoas que se divertem, nadando, tomando banhos de sol, jogando bola, tudo isso se une para tornar um dia de sol na praia o bem que ele é, cada coisa sendo boa em si[16], mas conferindo à experiência como um todo um valor maior do que o valor da soma das suas partes. Os exemplos da vida sem nenhum valor mostram que a vida não pode ser esse tipo de componente do que é valioso.

Ela pode ser um componente do bem que não é bom em si isoladamente mas que contribui para a boa qualidade da qual faz parte, assim como cada linha de um belo bico-de-pena não precisa ser bela em si para colaborar na beleza do desenho como um todo? A dificuldade dessa suposição é que a vida também é um componente do que é mau para uma pessoa exatamente do mesmo modo como é um componente do que é bom para ela. Ser um componente de um bem

---

16. Em rigor, essas propriedades tornam a experiência boa apenas em certas circunstâncias e não são essencialmente benfazejas. Aqui e em outras passagens do livro, desconsidero essas sutilezas e me exprimo informalmente, quando isso não influi no argumento.

é mais do que ser uma condição para a ocorrência do bem. O suposto componente do bem tem que contribuir para o bem do todo, assim como cada ângulo bem-sucedido de um desenho pode ser mostrado como sendo parte do que faz com que todo o desenho tenha êxito. A existência do mundo é uma precondição para degustar o sabor de um bom vinho. Mas não é parte do bem de beber um bom vinho. Da mesma maneira, estar vivo é uma precondição para que algo seja bom ou mau para mim, mas não contribui para o valor de nenhum bem. É claro que uma coisa que não é em si nem boa nem má pode ser um bom constituinte de algo bom e um mau constituinte de algo mau. O que demonstra que a vida não é nesse sentido igualmente um bem e um mal é que a sua contribuição para os bens e para os males, para todos os bens e para todos os males, é a mesma. Para ser um bom componente, a contribuição tem que ser distintiva em relação a esse bem.

Aqueles que não se convenceram com esse argumento e acham que algo pode ser um componente do bem ainda que esse algo contribua para todos os bens e para todos os males exatamente do mesmo modo não vão ser capazes de extrair do seu ceticismo nada de eticamente significativo sobre o valor da vida. Supondo que contribua do mesmo modo para todos os bens e para todos os males, esse algo, se é um componente do bem, é também um componente do mal. Portanto, provavelmente não há nenhuma verdade ética que pressuponha que a vida seja um componente do bem.

4. A importância do desejo de sobreviver

Por fim, voltamo-nos para o fato de que muitas pessoas querem continuar vivas. Isso não mostra que a sobrevivência é um bem intrínseco? Não se o seu desejo de sobreviver é confuso e mal orientado. É possível argumentar que o caso da sobrevivência vegetativa mostra que aqueles que só querem seguir vivendo, não importa o que a vida lhes tenha reservado, estão realmente confusos ou mal orientados. A maioria das pessoas, porém, não quer dizer isso quando afirma que deseja continuar vivendo. Muitas vezes elas querem dizer que precisam prosseguir porque não têm ninguém para cuidar dos seus filhos, ou porque a sua morte vai ser uma grande perda para os seus amigos íntimos, etc. Quando não consideram a vida e a esquivança em relação à morte como um meio necessário para chegar a um fim de valor, em geral querem dizer que desejam passar o seu tempo na praia novamente, desfrutar a companhia dos amigos e da família, ver os seus filhos dando-se bem na vida e constituindo as suas próprias famílias, escrever um novo livro, etc.

Em momentos de reflexão, as pessoas vão distinguir dois modos nos quais podem ter objetivos desse tipo. Desejo passar uma semana em Paris no ano que vem. Quero dizer com isso que uma das coisas que gostaria de fazer no ano que vem, se estiver vivo até lá, é passar uma semana em Paris. Uma outra pessoa, vamos chamá-la de Josephine, também pode afirmar que deseja passar uma semana em Paris no ano que vem, querendo dizer com isso algo um pouco diferente. Josephine pode querer dizer que deseja passar uma semana em Paris e estar viva para ser capaz de fazê-lo. No que me diz respeito, nenhum desejo ou objetivo meu vai deixar de ser cumprido se eu morrer antes de passar uma semana em Paris. Não é assim com Josephine. Se ela morrer antes que se concretize a sua temporada parisiense, um dos seus objetivos vai deixar de ser cumprido. Ademais, não tenho a menor razão para me empenhar em ficar vivo com o único fim de visitar Paris, ao passo que ela tem as suas razões, se a visita a Paris não é de fato um mero desejo e sim um dos seus objetivos[17].

---

17. Estou supondo que, enquanto os meros desejos não são razões para os seus criadores, os objetivos de fazer o que tem valor são. Ver *Engaging Reason*, Oxford, Oxford University Press, 2000, Capítulo 3. Para uma distinção semelhante, ver B. Williams, *Problems of the Self*, Cambridge, Cambridge University Press, 1973, p. 85.

Evidentemente, o meu desejo de visitar Paris não mostra que considero a sobrevivência como um bem. Mas o caso de Josephine é diferente. Dada a natureza do seu propósito de visitar Paris, é claro que a sua própria sobrevivência tornou-se um dos seus objetivos (subsidiários). Isso mostra que ela a considera como intrinsecamente boa ou como um componente de um bem intrínseco? Como ela poderia? Para Josephine, trata-se tanto de um componente do seu fim desejado (uma visita a Paris) tanto quanto para mim. Nós dois precisamos estar vivos para estar em Paris. Então, se não é um componente do bem para mim, tampouco o é para ela.

A diferença entre nós dois não reside no que consideramos como bom ou válido no nosso objetivo, mas nas condições de base para que endossemos esse bem como nosso objetivo. A diferença entre nós dois é análoga à diferença entre John e Joanna, que também almejam passar uma semana em Paris no ano que vem. Quando investigamos as suas intenções, descobrimos que John deseja fazer a viagem presumindo que vai conseguir uma licença extra no ano que vem. Joanna, por outro lado, deseja fazê-la mesmo que para isso tenha que pedir demissão. Se John não conseguir a licença extra, o seu propósito de ir a Paris, que estava condicionado a isso, vai simplesmente arrefecer. Não é assim com Joanna. Se não conseguir a licença e não pedir demissão para ir a Paris, ela vai deixar de levar a cabo um dos seus objetivos. Se John deixar de ir a Paris exatamente nas mesmas circunstâncias, não vai com isso deixar de realizar nenhum objetivo seu. Em conclusão, embora John e Joanna visem a objetivos ligeiramente diferentes, visto que ir a Paris é para ele um objetivo condicional e para ela um objetivo incondicional[18], o bem que ambos estão buscando, até onde sei, é o mesmo: o bem de estar em Paris. O mes-

---

18. A maioria dos objetivos está implicitamente condicionada a uma diversidade de circunstâncias. Suponho que a condição especificada é a única que os diferencia.

mo vale para mim e Josephine, apesar do fato de que o meu objetivo está condicionado a continuar vivo de um modo que o dela não está. Em circunstâncias normais, ter a sobrevivência como um objetivo claro não resulta do ponto de vista de que a sobrevivência é um bem ou um componente de algum bem, mas do fato de que é uma condição para o cumprimento de um objetivo incondicional (no aspecto em questão) visado por alguém.

Pode alguém ter objetivos claros e sensatos que não sejam condicionados à sobrevivência? É claro que sim. Muitos dos nossos objetivos relacionam-se com bens cujo valor é independente da nossa existência prolongada. O valor de eu aprender algo novo depende de eu estar presente para que eu seja instruído por esse conhecimento. Mas o valor de concluir a construção de uma ponte na qual eu esteja trabalhando, ou de um romance que eu tenha começado a escrever, não depende da minha existência prolongada. Isso mostra que é razoável ver o término dessas coisas como um objetivo não condicionado à sobrevivência? Ainda não. Para demonstrar que precisamos mostrar também que a minha contribuição para o objetivo é do tipo que faz sentido, é razoável torná-lo incondicionado à sobrevivência. Uma coisa é cuidar de filhos pequenos e continuar a viver para poder fazer isso, e outra bem diversa é continuar a viver para assistir a *Brookside* ou *Ally McBeal*. O bem presente no objetivo precisa ser tal que faça com que viver por ele seja algo sensato. Provavelmente não há muito mais a dizer no plano abstrato sobre a natureza de tais objetivos.

Pode-se pensar que todos os objetivos que se ressentiriam da minha ausência, ou os objetivos que requerem essencialmente a minha presença, constituem objetivos pelos quais vale a pena viver. Se o meu objetivo, por exemplo, é cuidar dos meus filhos até que eles cheguem à maturidade, então (de acordo com o que normalmente achamos ser bom para os nossos filhos) é vital que eu – o seu pai –, e não qualquer pessoa, tome conta deles, e portanto é razoável que o meu objetivo não seja condicionado à minha sobrevivência. O meu objetivo é sobreviver para poder cuidar dos meus filhos, e não simplesmente cuidar deles enquanto sobrevivo. Mas, quando os serviços prestados ao meu objetivo forem totalmente dispensáveis, ou seja, quando o valor que o objetivo tinha que realizar for realizado, como provável e efetivamente vai ser, não importa que eu morra ou não antes do seu cumprimento, então não é razoável tornar incondicionado esse objetivo, ainda que o valor que ele vá realizar não dependa em si da minha sobrevivência.

No entanto, a indispensabilidade de uma pessoa em função do êxito de um objetivo não é suficiente nem necessária para a adequabilidade de que os objetivos sejam incondicionados à sobrevivência. Não é suficiente, porque posso ter objetivos insignificantes e desprezíveis para cujo êxito sou indispensável. Não é necessária, porque as pessoas podem julgar razoável ter um objetivo incondicionado para cujo êxito a sua sobrevivência é supérflua (as pessoas velhas demais para colaborar nos esforços de guerra podem pretender ficar vivas a fim de assistir à derrota dos nazistas).

Resisto a endossar qualquer prescrição geral relativa a quais objetivos é razoável sustentar incondicionalmente. Uma reflexão sobre o problema, contudo, talvez tenha implicações teóricas de longo alcance. Parece que a maioria das pessoas, por exemplo, não endossaria uma simples concepção maximizante do desejo razoável de continuar vivo. Ou seja, achamos que não é desarrazoado o fato de que as pessoas desejem continuar vivas para poderem sair em busca de certos objetivos que valem a pena, mesmo sabendo que no balanço final a parte de vida que lhes restar vai conter mais coisas más do que coisas boas. Parece fácil aceitar isso quando os objetivos que valem a pena têm considerável importância para os outros ou para causas impessoais, ou quando as pessoas os colocam no centro do que constitui a sua própria vida. Mas acho que elas muitas vezes querem continuar a viver para gozar os prazeres da vida ou atingir objetivos dos quais não se pode dizer o mesmo. É possível que em tais casos elas estejam sendo irracionais ou motivadas pelo medo de morrer ou pelo medo de várias formas de morrer, medos que em si talvez sejam racionais. Essas questões exigem um exame extenso e acurado, que estaria além do que a ocasião permite.

Até aqui deixei de lado três das mais importantes respostas que as pessoas podem dar a si mesmas e aos outros para a pergunta: "qual é a razão de prosseguir (vivendo)?", aparentemente as três candidatas mais indicadas para justificar as alegações (que as pessoas fazem sobre si mesmas) de que tudo o que se deseja é continuar a viver. A primeira é a esperança ou o desejo de acabar a vida de uma certa maneira, de dar à vida uma certa forma, ou de imprimir ao seu fim uma certa forma e um certo conteúdo. Às vezes admiramos, ou respeitamos, ou então valorizamos as pessoas porque a sua vida terminou de uma certa maneira ou teve uma certa forma. Quaisquer características gerais de uma vida ou da sua última fase capazes de torná-la um objeto de respeito ou admiração, etc., também podem se tornar objetivos que uma pessoa almeje atingir na sua própria vida.

A segunda é a esperança de encontrar objetivos, experiências e apegos que dêem novamente sentido à vida, a abertura a tais objetivos ou mesmo a busca por eles. Isso pode ser uma simples esperança ou um objetivo de segundo grau, o objetivo de encontrar objetivos que dariam sentido à vida. Trata-se, porém, de um objetivo muito especial: e, não obstante a sua importância para a pessoa a quem pertence, a sua satisfação não contribui em si para o êxito da sua vida. Ela pode contribuir igualmente para o seu malogro. De modo típico, uma vida sem objetivos ou apegos é sem sentido, e assim parece às pessoas que a vivem. De modo típico, elas se deixam arrastar pelo desespero ou pelo cinismo, sendo que o seu sentimento predominante é a futilidade de tudo. A esperança de encontrar objetivos e apegos valiosos, e o objetivo de encontrá-los, afasta o desespero, mantendo-o represado. A realização dessa esperança, a satisfação do objetivo, é a descoberta do propósito e do sentido de uma vida. É a descoberta dos objetivos a serem buscados, dos apegos a serem cultivados. Em outras palavras, é a porta aberta para as possibilidades de êxito, mas também de malogro. Ela expulsa o desespero do vazio, mas às vezes o substitui pela dor profunda do malogro e pelo gosto amargo da decepção.

É razoável continuar a viver na esperança de encontrar sentido, ou seja, objetivos e apegos? Quando essa esperança é razoável, sim.

A terceira razão é o simples prazer de viver. A consideração da atitude que se expressa ao dizer: "Não preciso de nenhuma razão para continuar a viver. Apenas gosto da vida como ela é" nos traz à luminosa discussão proposta por Nagel sobre o que é mau em relação à morte[19].

5. Nagel e o bem da vida

A parte principal do seu ensaio trata de fundamentar quatro pontos que devemos observar: primeiro, as coisas podem ser más para nós mesmo que não envolvam experiências desagradáveis. (A queda de uma ponte que uma pessoa projetou mostra que ela foi um mau engenheiro, reduzindo o êxito da sua vida e portanto o seu bem-estar, mesmo que ela nunca venha a saber disso.) Segundo, a maldade da morte, se é que há alguma, está simplesmente naquilo de que ela nos priva, ou seja, no fato de que a vida é boa para aqueles que estão vivos e a sua perda é má para eles. Terceiro, a privação é um fato a respeito da vida de alguém ou de si mesmo, um fato e não um evento que tem que ser localizado no tempo e que não pode ser atribuído ao sujeito, uma vez que o evento não ocorre até que o sujeito chegue a existir. Quarto, a assimetria entre a morte e a não-existência pré-natal é comparável ao fato de que morrer, quando alguém morre, é algo acidental, ao passo que é

---

19. "Death" em *Mortal Questions*, pp. 1-10.

impossível nascer muito antes do que se nasce, porque senão uma pessoa diferente teria nascido.

Esses pontos me parecem válidos, assim como a dúvida de Nagel[20] sobre se a sua refutação do argumento de Lucrécio é correta. No entanto, nada disso interfere nos argumentos acima. A nosso ver, o ponto essencial da questão está nas asserções a favor das quais não se argumentou no início do ensaio, embora sejam bastante sólidas, a saber, a sustentação de que parte do que tem valor na vida é tão inseparável da própria vida que a própria vida passa a ter valor. Ele diz: "alguns deles [isto é, alguns dos bens da vida], como a percepção, o desejo, a atividade e o pensamento, são tão gerais que constituem parte da vida humana. Eles são amplamente considerados como benefícios formidáveis em si mesmos, a despeito do fato de que são condições tanto de desgraça quanto de felicidade... isso é o que se quer dizer, creio eu, com a alegação de que estar vivo é simplesmente bom, mesmo que se esteja passando por experiências terríveis" (p. 2). A própria experiência, conclui Nagel, é boa, e faz com que a própria vida seja boa, não importa qual seja o seu conteúdo (ainda que no todo o seu bem possa ser suplantado pelas más experiências pelas quais se passa).

Quando escreve que a atividade, a percepção e o pensamento são parte da vida e não conteúdos que ela possa ter ou não ter, Nagel está se referindo às ações de perceber, pensar e agir ou às suas respectivas faculdades, isto é, às capacidades de pensar, agir e perceber? Não tenho certeza de qual seja o ponto de vista de Nagel. Evidentemente, ele não está falando das ocorrências de pensar, perceber e agir. Estas podem ser boas ou más. Não é plausível alegar que sempre existe algo de bom nelas. Mesmo que a atividade, o pensamento e a percepção sejam inseparáveis da vida, nenhuma ação, nenhuma ocorrência de pensamento ou percepção é inseparável dela.

---

20. Enunciada numa longa nota em *ibid.*, p. 8.

Tampouco é plausível alegar que a disjunção de todas as nossas ações, pensamentos ou percepções é intrinsecamente valiosa, nem que a disjunção de todos os pensamentos, percepções e ações à nossa disposição é valiosa do mesmo modo. O valor da disjunção é uma função do valor dos disjuntos e não é independente dele. Em outras palavras, é uma característica dos conteúdos da nossa vida como ela é ou pode ser, e não da vida independentemente dos seus conteúdos.

Nagel parece ter outra idéia em mente. Ele considera os bens enumerados como aquilo que resta quando se subtraem da vida tanto as boas quanto as más experiências (p. 2). Mas ele também chama aquilo que resta de "a própria experiência" (*ibid*.). Ele talvez tenha em mente alguma qualidade experiencial inseparável do fato de estar vivo ou de estar vivo e ser capaz de pensar, perceber e agir, ou inseparável do fato de estar em vigília e ter essas faculdades intactas. Se existe uma experiência desse tipo que tenha valor intrínseco, ela é inseparável apenas em relação à vida desperta das pessoas cujas faculdades de agir, pensar e perceber não sofreram danos muito graves. Portanto, não se pode considerá-la como inseparável da própria vida, porque as pessoas adormecidas também estão vivas. Deve-se considerá-la como uma parte relativamente difusa do conteúdo da nossa vida. Podemos atender a essa questão se modificarmos a tese para afirmar que a vida desperta daqueles que têm capacidade mínima de pensar, perceber e agir é intrinsecamente valiosa, porque uma experiência às vezes chamada de "o sentimento de estar vivo", intrinsecamente valiosa, é inseparável dela.

Vou voltar a essa proposta mais adiante. Primeiro gostaria de rastrear uma outra idéia, que provavelmente não pertence a Nagel mas que é sugerida pelo seu ensaio, a saber, a idéia de que as capacidades que são inseparáveis do fato de estar vivo são intrinsecamente valiosas, e sendo assim fazem da vida um bem, e, quanto mais longa a vida, maior o bem.

As capacidades de agir, pensar e perceber podem ser tomadas como inseparáveis da vida, já que a vida cuja continuidade estamos examinando se restringe à vida na qual essas faculdades estão presentes. Mais atrás, excluímos do nosso exame a vida sem experiências. A exclusão da vida desprovida das faculdades de pensamento e ação, e também da capacidade perceptual, pode ser vista como uma especificação adicional do tipo de vida em cuja longevidade estamos interessados. Obviamente, ao menos em parte essa especificação é motivada por uma compreensão do que tem valor na vida (quando se compreende essa noção de modo mais amplo). No entanto, não há nada de errado em proceder assim.

A posse dessas faculdades tem um valor que confere à sobrevivência um valor intrínseco para o sobrevivente? A primeira dúvida diz respeito ao valor das capacidades. É certo que elas têm valor, porque sem elas as pessoas não poderiam levar uma vida de atividade e vínculo com o mundo que as cerca. Na maioria, quando não na totalidade, os conteúdos de valor das nossas vidas advêm das nossas atividades e do nosso engajamento no mundo. O fato de que as capacidades podem ser mal empregadas não é nenhuma razão para duvidar do seu valor. Somente se não podem ser senão mal empregadas é que perdem o seu valor capacitante, o seu valor como precondições e instrumentos do que quer que tenha valor na vida humana. Esse valor capacitante, porém, pode não ser um valor intrínseco. Apesar das muitas diferenças, ele pode ser comparado ao valor de uma ferramenta. Ter um carro me capacita a viajar. Mas o seu valor é instrumental, e não intrínseco; ele é valioso para mim porque posso usá-lo para determinados fins. O valor de uma ferramenta é que, enquanto a tenho, sou capaz de perseguir certos objetivos, se eles próprios se apresentarem e se eu optar por persegui-los. Em última instância, o valor está nos objetivos que vão ou que podem ser buscados, e não na ferramenta.

Parece-me que o valor das capacidades deve ser entendido de modo semelhante. Elas têm um valor capacitante.

Esse valor não se esgota no valor do uso que se faz delas. Elas têm um valor de opção, um valor presente na capacidade de agarrar as oportunidades que surgem. Mas esse também é um valor que está a ponto de se tornar um valor intrínseco, e não um valor intrínseco em si.

Podemos perder o fio da meada se confundimos o valor das capacidades com o valor da escolha. Na maioria das vezes em que se afirma "Eu podia escolher entre...", não se declara a posse de uma capacidade, mas a presença de uma oportunidade para escolher. É claro que a paralisia e a falta de determinadas capacidades mentais podem praticamente privar alguém da capacidade de escolha. Mas felizmente elas são raras e a necessidade de declará-las mais rara ainda, de modo que a expressão "Eu posso (ou podia) escolher" e os seus correlatos passou a se referir, como o seu uso primitivo, à oportunidade de uma escolha relativamente desimpedida. Em geral, as oportunidades são, como as capacidades, condições capacitantes. Mas de vez em quando as coisas são outras quanto à capacidade e à oportunidade de escolha. Embora normalmente o valor de uma ação seja independente das oportunidades e das capacidades que a tornaram possível, às vezes é fundamental ao seu valor que ela tenha sido a expressão de uma escolha livre. Em tais casos, a presença de uma capacidade e de uma oportunidade de escolha livre é uma parte integrante do que é valioso quanto à ação que fez uso delas. Não se pode tirar daí nenhuma lição com respeito ao valor das capacidades em geral.

As capacidades e as oportunidades são valiosas, mas o seu valor depende da possibilidade de serem usadas de modo sensato e bem-sucedido. O seu valor é condicional e derivativo. A alegação de que a própria vida é intrinsecamente valiosa é interessante somente se for uma alegação de que a vida tem um valor incondicional e não-derivativo[21].

---

21. As capacidades e as oportunidades desempenham um papel proeminente na formação das bases para a esperança de que a vida se torne melhor no futuro e para o objetivo de segundo grau de encontrar objetivos in-

Devemos então voltar ao modo aparentemente mais promissor de entender a alegação de Nagel, segundo o qual determinadas experiências de valor são tão penetrantes que chegam a ser indistinguíveis da própria vida. Como vimos, essa alegação é crível somente se por vida entendemos uma vida com alguma qualidade experiencial. A tese é que uma vida plena de experiências, em que as experiências incluem as experiências da percepção, do pensamento e da ação, traz algo de bom consigo, independentemente do que se experimenta, independentemente do valor do conteúdo das experiências. Talvez o meio de ir ao ponto seja que vivenciar experiências é bom em si, e vivenciá-las é um aspecto de todas as experiências. Portanto, toda experiência, qualquer que seja o seu conteúdo, tem um aspecto valioso, tem em si algo que é intrínseca e incondicionalmente bom.

Quão digno de confiança é esse ponto de vista? Vou levantar três dúvidas. (1) Toda experiência tem o seu lado bom? (2) É correto fazer com que uma vida seja melhor quanto mais longa ela for? (3) É razoável desejar ficar vivo por alguma coisa? A meu ver, apenas a terceira merece uma resposta afirmativa.

É sintomático que Nagel não faça menção às sensações entre os aspectos fundamentais da experiência inerentemente valiosos. A razão disso é que algumas sensações, como as de dor ou outras, são intrinsecamente más. O simples prazer de estar vivo, contudo, está saturado de sensações de valor: basta que a pele e os músculos sintam-se bem para que se esteja pleno do prazer de viver, nem que seja

---

condicionais que valham a pena, os quais, como vimos acima, podem criar uma base razoável para o desejo de continuar a viver. Isso é coerente com o valor capacitante das capacidades e das oportunidades.

Mas não estou deixando escapar algo vital aqui? Ulrike Heuer me desafiou observando que apenas se dou valor a mim mesmo como o autor da minha vida é que faz sentido que eu persiga a possibilidade de encontrar algo válido no futuro. Qualquer que seja a verdade contida nisso, ela diz respeito ao valor das pessoas, e não ao fato de continuarem a viver. Vou discutir o valor das pessoas no próximo capítulo.

apenas andando na rua e vendo as mesmas paisagens de todo dia. Esses sentimentos são suficientemente reais e valiosos, mas não são penetrantes o bastante para serem inseparáveis da vida e tornarem-na boa em si mesma. Pelo contrário, não nos são estranhas as queixas de pessoas que costumavam acordar cheias de vida, cuja existência estava mergulhada numa sensação de bem-estar, e que perderam isso e agora se sentem deprimidas, de mau-humor, com dores, etc.

Existe algo no pensamento, na imaginação e na percepção que os torne diferentes das sensações e dos sentimentos e mostre que sempre possuem um bom aspecto? Não creio. A percepção pode se tornar uma fonte de sofrimento e terror, bem como o pensamento e a imaginação. Pode acontecer, por exemplo, que desde o momento em que acorda uma pessoa comece a se angustiar imaginando torturas e perseguições, o que torna impossível qualquer pensamento racional, e que veja o mundo em cores radicais e violentas, etc. Temo que os fatores que tornam valiosa a experiência estejam presentes apenas contingencialmente e não garantam a conclusão de que a própria vida é um bem.

Essa objeção é em si suficiente para refutar a asserção de Nagel de que a própria vida é intrinsecamente valiosa. Mesmo quando nos limitamos à vida consciente, com as experiências ou as faculdades do pensamento, da imaginação, da ação, etc., revela-se que ela não tem sempre e inexoravelmente algum valor para as pessoas cuja vida está em questão. Tudo depende do seu conteúdo. Para o bem do argumento, porém, vamos deixar de lado essa objeção e supor que toda experiência contém um aspecto intrinsecamente valioso. Conclui-se assim, como alega Nagel, que a sua privação por meio da morte é uma perda?

É natural pensar que a perda reside no valor da vida. Ou seja, é natural pensar que, se continuar a viver tem um valor intrínseco e incondicional para a pessoa de cuja vida se trata, é porque a sua vida vai ser melhor se ela permanecer viva por mais tempo em vez de morrer agora. É tentador interpretar a alegação desse modo, já que a vida é boa (em si e por si mesma), quanto mais tempo de vida se tem, melhor se está (o resto sendo indiferente). Está-se melhor porque (o resto sendo indiferente) a vida é melhor se se vive mais tempo, porque nesse caso tem-se uma vida melhor (o resto sendo indiferente).

Podemos concordar que, o resto sendo indiferente, uma pessoa que morreu aos quarenta, tendo passado quinze anos, não necessariamente os últimos quinze, em estado de coma, teria estado melhor, e teria tido uma vida melhor, se não tivesse passado por nenhum coma. Segue-se daí que, o resto sendo indiferente, uma pessoa que morreu aos vinte e cinco teria estado melhor se tivesse morrido aos quarenta? Um dos exemplos de Nagel serve em parte[22] como uma resposta afirmativa. Ele imagina uma pessoa que sofreu uma grave lesão cerebral e com isso foi reduzida à vida mental de um bebê, cuja "felicidade se limita a ter o estômago cheio e a fralda seca" (p. 6). Podemos concordar que, o resto sendo indiferente, essa pessoa sofreu uma desgraça, que a sua vida está muito pior do que estaria se não fosse a lesão. Segue-se daí que, como sugere Nagel, se ela tivesse morrido em virtude dessa lesão, a sua desgraça teria sido de algum modo semelhante, só que maior, porque ela teria sido privada do bem que mesmo a sua escassa vida constituía?

Nagel parece argumentar que, se a vida é um bem, então a sua continuidade tem valor, porque vivendo mais tempo tem-se mais vida, ou seja, mais do bem que essa vida é. Mais bem é melhor do que menos bem. Algo assim como esse argumento subjaz à conclusão de que é melhor ter os bens da vida durante toda a vida do que ficar em coma durante parte da vida. Não é que ficar em coma seja intrinsecamente mau para uma pessoa, mas é que, se não fosse por isso, ela teria acesso a mais bem, mais daquilo que tem va-

---

22. Embora o seu objetivo principal seja sustentar alguns dos quatro pontos enumerados mais acima.

lor na sua vida. O argumento se aplica a juízos sobre o valor de diferentes durações da vida, como supõe Nagel? Isso não é tão evidente. A resposta pode ser sim e não. Pode ser, por exemplo, que, por um lado, se cada momento da vida é um bem, então mais momentos significam mais desse bem. Por outro lado, contudo, pode ser que ter mais momentos, mais vida, não seja melhor para as pessoas às quais essa vida pertence. Pode ser assim, por exemplo, quando isso não torna a sua vida melhor, quando isso não as leva a ter uma vida melhor.

Para exemplificar essa possibilidade, suponhamos que um dos restaurantes de bom nível da cidade seja o *Roberto's*. Já estive lá antes, e a cada vez que vou é uma ocasião especial, a comida é saborosa e bem preparada e o ambiente é agradável. Se eu fosse ao *Roberto's* hoje, seria a mesma coisa. Teria mais desse bem. Mas nem eu nem a minha vida ficaríamos melhores se eu fizesse isso. É verdade que o prazer de comer bem é importante na vida, mas tenho o bastante disso, e o bastante do *Roberto's*. A minha vida não vai se aprimorar se eu tiver mais do mesmo, ainda que seja bom como é. No caso do *Roberto's*, a questão de saber se eu deveria jantar lá hoje à noite não depende do fato de que, se eu fizer isso, a minha vida vá melhorar. Depende do fato de, visto que tenho uma razão para jantar no *Roberto's*, porque a comida e o ambiente são agradáveis, eu ter ou não uma razão melhor, ou pelo menos que não seja pior, para fazer outra coisa. As opções não precisam contribuir para o valor da nossa vida para serem opções que devemos buscar[23]. Buscá-las pode até mesmo aviltar o valor da nossa vida (como é às vezes o caso, quando não temos escolha senão entre males). Devemos seguir as opções que são mais bem corroboradas pela razão, não importa qual seja o seu impacto na nossa vida.

---

23. Tampouco, é claro, buscamos ou devemos buscar maximizar o bem na nossa vida. Não vou ao *Roberto's* hoje à noite para ter mais desse ou de qualquer outro bem na minha vida, mas simplesmente porque, dada a minha situação, essa é uma boa coisa a fazer.

O argumento de Nagel, porém, pretende mostrar que mais vida é melhor que menos vida, qualquer que seja o seu conteúdo. O fato de que cada um dos seus momentos é um bem não mostra isso. Pelo menos não sem outras premissas. Em geral, muitos dos bens da nossa vida não tornam a nossa vida melhor. Eles são insignificantes demais e não têm ligação com o que nos importa realmente na vida para terem esse efeito. Tomar outro sorvete agora pode ser uma boa coisa a fazer, que não entra em conflito com nada do que eu poderia fazer por uma razão melhor, mas se vou ou não tomar o sorvete, circunstâncias especiais à parte, não afeta a qualidade da minha vida. Da mesma maneira, viver um pouco mais, gozando os bens da percepção, do pensamento e da ação, pode não afetar a qualidade da minha vida como um todo. Se isso vai ou não ocorrer, depende dos conteúdos da percepção, do pensamento ou da ação.

Se a minha vida não é melhor por ser mais longa, então a minha sobrevivência pessoal não é um bem intrínseco e incondicional para mim. Argumentei a favor dessa conclusão pressupondo que não estamos simplesmente procurando por algo de bom que vai nos acontecer se permanecermos vivos, mas que ter um bem extra vai ser bom para nós, e em particular que isso vai ser bom para nós tornando a nossa vida melhor. Argumentei que ter apenas mais coisas ou experiências boas na nossa vida não vai necessariamente tornar a nossa vida melhor e, portanto, não vai necessariamente ser bom para nós. É verdade, evidentemente, que isso vai significar que algo de valor nos aconteceu, ou que fizemos algo de valor, ou que passamos por alguma experiência de valor. Isso mostra que existe o bem na nossa vida, não importa se torna ou não a nossa vida melhor. O que isso fundamenta? Isso fundamenta que não temos que cometer suicídio nem preferir estarmos mortos a estarmos vivos. Posso preferir permanecer vivo para, vamos supor, gozar esses bens. Afinal, embora morrer talvez não seja mau para mim, também não é melhor do que viver. Se a minha vida contém os bens penetrantes que a sensação, a percepção, a imaginação, o pensamento e a ação são capazes de produzir, alguns dos quais referidos por Nagel, é natural que eu deseje que ela continue, mesmo que não seja irracional da minha parte, o resto sendo indiferente, preferir que ela acabe.

6. Medo da morte e a visão de dentro

Não é só o amor pela vida que nos faz seguir adiante. O medo da morte também. Conceitualmente distintos, eles estão intimamente entrelaçados durante a maior parte da nossa vida. A fenomenologia das nossas atitudes pode parecer estar em desacordo com o ponto de vista epicuriano que defendi. Decerto a sua expressão na proposição de que "a morte não é nada para nós" é provocativa justamente porque discorda tanto dos nossos sentimentos, em especial do nosso medo da morte. A provocação, sem dúvida, foi intencional. A sua força retórica pode ou não ser bem recebida, mas não deve obscurecer a verdade subjacente. Se verdade for. A dúvida surge porque ela discorda das nossas emoções viscerais, do nosso medo da morte, do nosso apego à vida, do nosso gosto pela vida.

Parte da dificuldade em avaliar essas dúvidas é a obscuridade das emoções às quais elas atraem. Tem333emos a morte porque amamos a nossa vida e o que tememos é perder o que amamos ou tememos a morte independentemente de como nos sentimos diante da nossa vida? Há alguns indícios de que o segundo é muitas vezes o caso, ou seja, de que mesmo as pessoas que são profundamente infelizes com a sua vida temem a morte. Mas em geral esses sentimentos e essas emoções acham-se entrelaçados e indistintos. Tememos a morte ou tememos morrer? Provavelmente ambos, mas de novo os sentimentos são as mais das vezes indistintos demais para que se faça uma análise apurada. Tememos a morte devido à perda da vida que teríamos se não morrêssemos ou tememos a morte porque ela perturba as nossas atitudes em face da vida que nos resta antes de morrermos? Sugeri anteriormente que essa segunda pergunta é um dos fatores, mas obviamente não o único.

Nesse e em outros sentidos, o nosso medo da morte não é uma emoção ou um sentimento perspicazes. As descrições que as pessoas fazem das suas posturas perante a sua própria morte ou perante a das pessoas próximas revelam uma série de atitudes e emoções, algumas muito poderosas. Com freqüência, elas são racionalmente indefensáveis ou mesmo sem sentido se tomadas ao pé da letra, ainda que sejam esclarecedoras e evocativas quando lidas metaforicamente ou por meio de uma descrição "como se fosse" do que as pessoas sentem. Parece-me que devemos reconhecer que algo como o medo da morte é uma emoção inata aos seres humanos, talvez uma emoção que torne a vida possível. De todo modo, ele faz com que a perspectiva da vida prolongada seja mais inquestionável do que seria se não fosse assim. A sua expressão em palavras e imagens é decerto muitíssimo dependente culturalmente e deve ser submetida a uma avaliação racional; não raro, baseia-se em superstições e crenças infundadas.

O caráter indistinto do medo subjacente sugere que ele repousa entre humores e emoções, assemelhando-se de algum modo à ansiedade, vaga e turva, com o potencial de aniquilar o sujeito quando se transforma num ataque de ansiedade. Os humores não estão sujeitos à mesma avaliação racional que rege as emoções. Já que não pertencem às chamadas "atitudes proposicionais", eles não têm objetos nem se baseiam essencialmente em crenças e valorações ("essa criatura é perigosa", etc.) como as emoções. Podem ser, é claro, bem ou mal recebidos, desejáveis ou qualquer outra coisa. Se os pontos de vista expressos aqui cuidam de solapar alguns dos sentimentos/humores para com a morte que rege as nossas vidas, eles talvez não sejam nem um pouco piores por isso. Afinal, foi por esse motivo que Epicuro escolheu a provocação.

4. Respeitar as pessoas

1. Introdução

Uma coisa é evidente. Se a vida prolongada das pessoas não lhes é intrínseca e incondicionalmente boa, então o valor da vida prolongada para as pessoas de cuja vida se trata não é capaz de sustentar a exigência de respeitar a vida alheia. Não importa o fato de que a vida é uma precondição do valor que o conteúdo dessa vida possa ter. A exigência de respeitar a vida alheia não está sujeita às variações que interferem no valor dos conteúdos da vida das pessoas. O nosso dever de respeitar a vida das pessoas não varia de escopo ou de potência conforme as variações do valor do seu conteúdo. É possível que seja um tanto sensível ao seu valor. Podemos não dever o mesmo respeito à vida de assassinos como à vida de outras pessoas. O nosso dever de respeitar a vida alheia, porém, não varia de tom a cada flutuação do valor dos seus conteúdos.

Essa conclusão não é tão preocupante quanto parece, mesmo porque seria inevitável de qualquer maneira, por razões independentes. O valor da sobrevivência para os sobreviventes, por exemplo, poderia no máximo contribuir para uma explicação de por que devemos respeitar a sua *vida*. No entanto, quando pensamos nos deveres de respeito para com as pessoas, os objetos do respeito são as *pessoas*, e não a sua vida. Não estou insinuando que o respeito pelas pessoas não tem nada a ver com o respeito pela sua vida. Respeitar as pessoas pode ser uma razão para respeitar a sua vida, e vou retomar esse ponto mais adiante. Este último, contudo, é apenas um dos aspectos do respeito pelas pessoas. Ele implica, por exemplo, determinados modos de pensá-las e determinados modos de falar sobre elas e com elas, que não têm nenhuma ligação com a perspectiva da sua sobrevivência. Eles são aspectos do fato de respeitar as pessoas, e não do fato de respeitar as suas vidas.

O respeito pelas pessoas é um dever moral fundamental, e geralmente é reconhecido como tal. O argumento a seguir vai ajudar a explicar isso. Não há como negar que o respeito por isso ou por aquilo, incluindo o respeito pelas pessoas, é não raro uma exigência moral. O que é menos evidente é se o respeito pelas pessoas ocupa um papel central na ética ou no pensamento prático de modo mais geral. Um ponto de vista defende que o respeito pelas pessoas situa-se nas origens de todos os deveres morais. Uma das versões desse ponto de vista associa-o a uma concepção da moral com base na reciprocidade. As pessoas morais devem respeito umas às outras, e segue-se daí o restante da moral[1]. Uma pessoa tem que ser um agente moral, alguém obrigado pela lei moral, para ser um paciente moral, alguém com quem os agentes morais têm obrigações morais. Concepções construtivistas ou contratualistas da moral tendem a ser variantes das concepções da moral baseadas na reciprocidade[2]. Uma ética da reciprocidade, contudo, parece ser por demais restritiva e insensível àqueles que acreditam que temos deveres para com as gerações futuras (que não podem ter deveres recíprocos para conosco), com os membros das outras espécies animais e com o meio ambiente ou alguns

---

1. Essa é a ética do respeito pelas pessoas debatida e habilmente criticada por W. K. Frankena em "The Ethics of Respect for Persons", *Philosophical Topics*, 14 (1986), 149.
2. Embora nem todas precisem colocar o dever de respeitar as pessoas em primeiro plano.

dos seus aspectos. Há outras objeções à reciprocidade e às concepções construtivistas da ética, mas não vou discuti-las aqui. Vou concentrar a atenção em outras maneiras de entender o lugar do respeito às pessoas dentro da moral.

Uma maneira simples de equiparar o âmbito do dever do respeito ao âmbito da moral é sustentar que respeitamos os outros quando nos comportamos em relação a eles como deveríamos moralmente nos comportar e que mostramos falta de respeito quando deixamos de fazê-lo, em circunstâncias repreensíveis. Desse ponto de vista, os deveres ou as razões de respeitar os outros não têm nenhuma fonte específica. Antes, as razões morais advêm de quaisquer interesses morais válidos que possam gerar razões, e, uma vez que sabemos o que a moral exige em virtude desses motivos independentes, podemos saber o que devemos fazer para respeitar as pessoas (ou o meio ambiente, ou o que quer que seja), isto é, devemos nos adaptar às exigências morais válidas[3]. Esse ponto de vista incidental sobre o respeito, no qual certa vez estive propenso a me apoiar[4], nega que existe algo distintivo nos deveres do respeito, situando-os longe de outros deveres, inclusive de outros deveres morais. Além disso, nega que existem razões especiais para respeitar as pessoas, sem levar em conta outras razões

---

3. H. Frankfurt expõe uma versão desse ponto de vista quando escreve o seguinte: "Tratar uma pessoa com respeito significa, no sentido pertinente a esse caso, ocupar-se dela exclusivamente com base naqueles aspectos do seu caráter específico ou das circunstâncias específicas que de fato importam para a conseqüência em questão. O respeito, portanto, traz consigo a imparcialidade e a prevenção da arbitrariedade." "Aqueles que desejam tratar as pessoas com respeito visam aos resultados que correspondem especificamente às particularidades do indivíduo" (ver o seu "Equality and Respec", em *Necessity, Volition and Love*, Nova York, Cambridge University Press, 1999, p. 150). O seu ponto de vista é mais complexo que esse. Eu o discuti e fiz a sua crítica em "On Frankfurt's Explanation of Respect for People", em S. Bass e L. Overton (orgs.), *Contours of Agency: Essays in Honour of Harry Frankfurt*, Cambridge, Massachusetts, MIT, no prelo.

4. Em *The Morality of Freedom*, Oxford, Oxford University Press, 1986, p. 157, equiparei respeitar as pessoas a tratá-las de acordo com princípios morais sólidos.

para tratá-las desta ou daquela maneira. Nega que o interesse por respeitar as pessoas é um interesse moral independente. Isso o torna menos plausível. Fico inclinado a pensar que devemos aceitá-lo somente se um entendimento mais substancial das razões do respeito se mostrar enganoso.

Alguns vêem o papel especial de uma doutrina do respeito pelas pessoas como um *status* determinante[5]. Ele determina não o modo de tratar moralmente as pessoas, mas o fato de que as pessoas têm interesse moral. Elas gozam de um *status* moral, e portanto devemos buscar razões morais, deveres ou proibições morais para lhes dar um tratamento adequado. As plantas, segundo alguns, se diferenciam dos seres humanos justamente nesse aspecto. Não há nenhuma doutrina de respeito pelas plantas, e isso significa que elas não gozam de uma reputação moral. Elas não contam, como se diz. Portanto, não precisamos sair à procura de proibições ou deveres morais referentes ao modo como devem ou não devem ser tratadas.

Essas doutrinas do *status*, porém, não são fáceis de entender. Quando criança, David Copperfield foi proibido de brincar com Peggotty, porque não se devia brincar com a criadagem. Podemos imaginar que, aos olhos do seu padrasto, o seu caso era regido por duas espécies de consideração – vamos chamá-las de considerações de mérito intrínseco e de *status*. As considerações de mérito intrínseco estabelecem que um companheiro de jogos adequado é alguém disposto a brincar num clima amigável e cooperativo, que respeite as regras, que seja divertido, etc. Em todos esses sentidos, Peggotty é uma companheira de jogos perfeita. No entanto, as considerações de *status* estabelecem que não se deve fazer amizade com membros de uma classe inferior, e portanto, ainda que ela seja intrinsecamente uma boa companheira, não se pode brincar com ela.

---

5. Principalmente este e os próximos três parágrafos fazem parte de "On Frankfurt's Explanation of Respect for People".

É assim que algumas pessoas entendem as doutrinas da reputação moral, e as rejeitam pelas mesmas razões que nos fizeram desconfiar das regras de *status* social que ajudaram a arruinar parte da infância de Copperfield e foram tão injustas com Peggotty. De acordo com elas: as pessoas podem sentir dor, fome e outros sofrimentos, assim como os demais mamíferos. As considerações sobre o que é intrínseco mostram que é errado causar dor ou outros sofrimentos aos mamíferos, aos seres humanos e aos demais seres. O único efeito possível da introdução de uma doutrina do *status* à parte é negar a aplicação das razões onde elas de fato se aplicam. Enquanto nós temos que respeitar as pessoas, não há nenhuma doutrina de respeito semelhante em relação aos outros mamíferos, e portanto não devemos causar dor às pessoas, mas não há nenhuma razão para não causar dor a outros mamíferos, uma vez que eles não contam. Mas, se a razão para não causar dor se aplica a todos os animais, como é que uma doutrina do *status* pode nos eximir de atender a ela? Se, como se poderia pensar, não há nenhuma razão para que nos abstenhamos de causar dor aos animais de outras espécies, isso não teria que ser um resultado do conteúdo da razão de nos abstermos de causar dor (isto é, seria uma razão que não se aplicaria às outras espécies animais), e não um resultado de uma doutrina do *status* cujo efeito é nos isentar de atender às razões onde elas se aplicam?

A questão é: uma vez fundamentada uma razão para tratar alguém de determinada maneira, que espaço resta para que uma doutrina do respeito estabeleça quem é que deve contar? Não é óbvio que, até onde vai essa razão, todos aqueles a quem ela se aplica estão contando e ponto final? E o mesmo vale para qualquer outra razão. Assim, se não há razão para ferir, essa razão se aplica a todos aqueles que podem ser feridos; um dever de não matar se aplicaria a todos aqueles que pudessem ser mortos, etc. É claro que, se o dever de não matar fosse explicado por razões que não se aplicassem a todas as criaturas vivas, então ele não se aplicaria a todas elas. Se não devemos matar porque não devemos encurtar as expectativas de vida das pessoas, ou porque não devemos impedir que as pessoas concebam empreendimentos válidos e se engajem neles, então não devemos matar nenhum animal cujas expectativas de vida seriam assim reduzidas, ou cuja capacidade de conceber e de se engajar em atividades válidas seria assim anulada. Nem todos os animais, na verdade nem todos os animais humanos, atendem a essa condição, e portanto nem todos eles estão protegidos por essa proibição contra o assassínio. Os pormenores do exemplo não importam. O que importa é que não há espaço, ou é assim que o argumento se desenvolve, para uma doutrina do *status* que estabeleça o âmbito de aplicação das razões e dos deveres. Os fundamentos das razões e dos deveres é que estabelecem o seu âmbito.

Essas dúvidas não refutam o entendimento de uma doutrina do respeito moral que conceda o *status*. Em particular, é possível que muitas razões (morais) se apliquem às nossas atitudes e ações para com as pessoas e com outros seres que atendem a determinadas condições. Essas condições talvez possam ser vistas como uma precondição para se gozar de uma posição em questões éticas, e a sua especificação e a explicação das suas implicações pode ser a doutrina do respeito. De certo modo, esse é o caminho que vou trilhar nas reflexões a seguir, embora nada se tenha a ganhar mesmo que o caminho certo seja esse e corra-se o risco de extravio ao se pensar sobre o respeito como uma doutrina que concede o *status*.

Uma alternativa óbvia às abordagens apontadas até aqui é fundamentar um dever distintivo de respeito pelos outros (não importa quem sejam), de tal modo que todos os demais deveres ou exigências morais resultem dele, ou talvez sejam mesmo instâncias dele. Isso me parece improvável[6]. Se a explicação a seguir sobre o respeito estiver no ca-

---

6. Em parte pelas razões expostas por Frankena, "The Ethics of Respect for Persons".

minho certo, a impossibilidade de extrair a totalidade da moral a partir da doutrina do respeito vai ficar patente[7].

Nos argumentos que se seguem, não vou pressupor que o entendimento geral dos nossos deveres de respeitar os outros (isso existe?) está correto e que a nossa tarefa limita-se a entender por que os deveres que ele pressupõe são válidos. É possível que o nosso entendimento geral de tais deveres esteja mal orientado e tenha que ser corrigido. De todo modo, os avanços da biotecnologia influenciaram fortemente os nossos pontos de vista sobre os nossos deveres básicos para com as outras pessoas e levaram muitos a repensar as suas opiniões. Desconfio que as conclusões até aqui resultantes discordam de muitas noções gerais. No entanto, o meu objetivo não é estabelecer a forma e o grau dessa divergência. Estou interessado apenas nas razões dos nossos deveres para com as outras pessoas que são fundamentadas numa doutrina do respeito.

2. Fontes kantianas

Como vai ficar claro a seguir, o meu entendimento sobre o respeito pelas pessoas é semelhante ao de Kant. Não deixa de ser uma ironia, porém, o fato de que, embora o atrativo do *respeito pessoal* (como vou chamar o tipo de respeito pelas pessoas que pretendemos explorar) deva-se em grande medida ao impacto que a filosofia moral de Kant exerceu, os próprios escritos de Kant sobre o *respeito* contribuíram pouco para as idéias do século XX no âmbito desse assunto. As atuais discussões acerca do respeito pelas pessoas afastaram-se do entendimento de Kant. A minha apre-

---

7. Em *Engaging Reason*, Oxford, Oxford University Press, 2000, Capítulos 11 e 12, mostrei que não há nenhuma divisão significativa entre a moral e as demais razões. O presente capítulo dá continuidade a esse argumento indiretamente. Se estiver correto, ele vai provar que não podemos identificar a moral com exigências, deveres e outros interesses decorrentes de uma doutrina do respeito.

ciação de algumas delas é em parte um retorno a uma posição mais kantiana[8].

Uma das dificuldades para entender Kant deve-se ao fato de que o seu ponto de vista sobre o respeito está ligado ao seu entendimento dualista de que as pessoas possuem um aspecto fenomênico e um aspecto numênico. Nos comentários a seguir, vou deixar de lado a conformação dualista do pensamento de Kant para tentar fazer uma exposição do respeito que não dependa dela. Isso significa, é claro, que não vou arriscar uma interpretação fidedigna do ponto de vista original de Kant, mas apenas de alguns dos seus aspectos.

Examinando a razão prática, Kant afirma:

> O respeito pela lei moral é, portanto, o incentivo moral único e também indubitável, e além disso esse sentimento não se dirige a nenhum objeto que não tenha essa base. Primeiro, a lei moral determina a vontade objetiva e imediatamente no juízo da razão; mas a liberdade, cuja causalidade é determinada somente por meio da lei, consiste apenas nisso: ela restringe todas as inclinações, e por conseguinte a estima da própria pessoa, à condição de conformidade com a lei pura. Essa restrição então provoca um efeito sobre o sentimento e produz o sentimento de desprazer que pode ser conhecido *a priori* a partir da lei moral... Mas a mesma lei é objetivamente também – ou seja, na representação da razão pura – uma base determinante imediata da vontade, de modo que essa humilhação se dá apenas em relação à pureza da lei; por conseguinte, a redução das pretensões à auto-estima moral – ou seja, a humilhação no lado sensível – é uma elevação da estima moral – ou seja, prática – pela própria lei no lado intelectual; numa palavra, é o respeito pela lei, e assim também um sentimento que é positivo na sua causa intelectual[9].

---

8. Sobre o respeito pessoal. Não tenho a pretensão de sugerir que o que se segue contribui de algum modo para um entendimento kantiano da moral em geral.

9. *Critique of Practical Reason*, org. M. Gregor, Cambridge, Cambridge University Press, 1997, pp. 67-68 (5: 78-5: 79). [Trad. bras. *Crítica da razão prática*. São Paulo, Martins Fontes, 2002.]

Essa passagem levanta duas questões inter-relacionadas. Na sua superfície, ela alega que a vontade é determinada pela lei moral, uma determinação que é uma expressão da nossa liberdade bem como da nossa racionalidade. "A lei moral determina a vontade objetiva e imediatamente no juízo da razão." Nesse caso, porém, qual é o papel do respeito para a lei moral? Afirma-se que é o de "incentivo moral único". Isso significa que ele não é senão o reconhecimento do que é exigido de nós pela lei moral, o reconhecimento da lei moral. O fecho da citação, contudo, dá a entender que o "respeito" não pode ser identificado com a determinação racional pura da vontade. Aqui Kant associa-o ao *sentimento* da "estima pela própria lei", embora o "respeito" não seja identificado com tal sentimento. Antes, a estima pela lei moral, "numa palavra... o respeito pela lei", é "também um sentimento que é positivo na sua causa intelectual".

Um outro complicador é o fato de que Kant trata a razão prática e a razão teórica de modos diferentes. Não há nada análogo ao respeito no tratamento que dá à razão teórica. Mas se a razão é capaz de determinar a vontade de acreditar nisto e naquilo, sem que se invoque nenhum sentimento especial do respeito, por que não é capaz de determinar a vontade de querer isto ou aquilo sem tal sentimento? Uma resposta óbvia, sugerida na citação, é que apenas a razão prática enfrenta a resistência das nossas inclinações e do nosso amor-próprio. Isso me parece equivocado, porquanto o amor-próprio, o pensamento desejante, a vaidade, etc., podem distorcer e muitas vezes distorcem os nossos juízos. A humildade da inclinação e do amor-próprio não parecem justificar a não-analogia entre o tratamento dado por Kant à razão prática e à razão teórica[10].

---

10. Kant também se baseia na sua doutrina da liberdade para explicar a diferença entre a razão prática e a razão teórica. Não creio que a sua exposição sobre a liberdade nos ajude com o problema que apresento aqui, mas não vou parar para discutir o assunto. Para a minha visão geral sobre a relação entre a

Seja como for, a importância do amor-próprio e das inclinações quanto ao respeito pela lei moral não é fácil de compreender. O que as subjuga e nos faz seguir a lei moral é a própria lei moral[11] ou, se quiserem, o nosso reconhecimento, como autolegisladores e membros do reino dos fins, do nosso dever moral. Nesse caso, então, relega-se o respeito à condição de um subproduto, um sentimento que surge em nós conforme a nossa vontade é determinada pela lei moral.

Qualquer que seja o modo de solucionarmos as dúvidas interpretativas, parece que o respeito kantiano tem pouco a ver com o pensamento contemporâneo sobre respeitar as pessoas. A lei moral, e não as pessoas, é que é o objeto do respeito. E não há nenhum dever ou nenhuma exigência de respeitar alguém ou alguma coisa. Antes, o respeito (um sentimento do respeito) surge em nós conforme a lei moral

---

liberdade e a razão prática, ver o Capítulo 1 de *Engaging Reason*. Não tenho por suposição que a forma e a estrutura dos insucessos em seguir a razão nas questões teóricas e nas questões práticas sejam idênticas. Para os objetivos do presente argumento, é preciso apenas supor que em ambos os casos podem existir irracionalidades análogas. Em particular, é possível acreditar que, apesar de tudo, se deva executar uma ação sem executá-la, ou mesmo sem ter a intenção de executá-la. Talvez não haja nada análogo a isso na relação entre acreditar que há uma razão esmagadora para acreditar que seja assim e assim e acreditar que seja assim e assim. Embora, talvez, seja possível sentir que, apesar de todos os indícios de que seja assim e assim, não se consiga acreditar que seja assim. Nesse caso, a analogia teria um longo alcance. Mas, mesmo que ela seja apenas parcial, o que estou sugerindo se sustenta. A existência ou a não-existência de uma motivação especial (o respeito pela lei moral) não pode ser mais necessária para explicar essa forma particular de irracionalidade do que para explicar as demais.

11. Enquanto no início da citação acima Kant vê o respeito como o incentivo moral, em outro lugar afirma: "O que reconheço imediatamente como lei para mim reconheço com reverência [= respeito], que significa simplesmente a consciência da subordinação da minha vontade a uma lei, sem a mediação das influências externas sobre os meus sentidos" (*Groundwork of the Metaphysics of Morals* [Fundamentos da Metafísica dos Costumes], 401, n. 2 (p. 69n. na tradução de H. J. Paton, Nova York, Harper & Row, 1964). Essa passagem corrobora a leitura da citação acima que enfatiza o seu final, com a visão do respeito como um sentimento que é um subproduto do fato de que se seja racionalmente motivado.

determina a nossa vontade. As discussões contemporâneas sobre o respeito às pessoas esforçam-se por articular e defender um princípio ou uma doutrina moral específicos, ou seja, que afirmem, em resumo, que devemos respeitar as pessoas. Esse princípio tem pouco a ver com a doutrina kantiana do respeito, que, repetindo, não se acrescenta ao conteúdo da moral, mas afirma que sempre que executamos uma ação porque acreditamos racionalmente que é nosso dever moral executá-la agimos por respeito à lei moral. É verdade que Kant é feliz em estender o respeito a objetos que não a própria lei moral, mas, quando usado nesse sentido, o respeito deriva do respeito à lei moral.

Kant explica o modo como entende o respeito às pessoas numa longa nota de rodapé de *Fundamentos da Metafísica*, cujo trecho decisivo é o seguinte:

> O objeto do respeito, portanto, nada mais é senão a lei... Todo respeito a uma pessoa é, a bem dizer, apenas respeito à lei (da honra, etc.), da qual a pessoa apresenta um exemplo[12].

Ao respeitar as pessoas, não fazemos mais do que respeitar a lei que elas exemplificam. Não fica claro o que esse respeito acarreta na prática. Seja como for, esse respeito kantiano às pessoas não é o respeito que se deve às pessoas enquanto pessoas, ou enquanto indivíduos[13]. Na verdade, não se trata realmente de respeito nem mesmo às pessoas que obedecem à lei moral porque obedecem à lei moral. É respeito à lei moral, que aqueles que a obedecem exemplificam com a sua conduta. Vejamos a seguinte analogia: as pessoas que gostam do mar podem gostar de marinhas, porque elas retratam o mar. Se em outro contexto essas pes-

---

12. *Groundwork* [Fundamentos], s. 402n.
13. Note-se que não é preciso ser culpado por transgressões morais para deixar de se habilitar ao respeito kantiano. Pode-se ser uma pessoa que sempre agiu de acordo com a lei moral, mas nunca em função da lei moral.

soas não costumam apreciar pinturas, talvez gostem das marinhas não enquanto boas pinturas, nem mesmo enquanto boas marinhas. Gostam delas, isso sim, como lembranças do mar. A linguagem de Kant sugere uma relação análoga entre o respeito às pessoas que obedecem à lei moral e o respeito à lei moral: as pessoas são exemplos da lei moral, que é respeitada quando se respeitam os seus exemplos[14].

A influência da filosofia moral de Kant nas discussões contemporâneas sobre o respeito moral pessoal deve-se ao fato de que o uso que o próprio Kant fazia da noção de "respeito às pessoas" nem sempre coincidia com a sua respectiva explicação. Em particular, ele a usava no contexto da sua doutrina de que as pessoas são fins em si mesmas e na sua discussão do imperativo de que em todas as ações é preciso tratar a humanidade das pessoas não só como um meio, mas também como um fim.

> Os seres racionais são denominados pessoas na medida em que a sua natureza já os designa como fins em si mesmos, isto é, como algo que não deve ser usado simplesmente como meio, e com isso, portanto, impõe-se um limite a todo uso arbitrário que se faça de tais seres, que são assim objetos de respeito[15].

Os dois fundamentos do respeito (isto é, as pessoas que exemplificam a lei moral por segui-la e as pessoas que são fins em si mesmas) são bem diferentes e poderiam levar a agir por diferentes razões. Para Kant, porém, as duas convergem, de modo que é fácil deixar passar o lapso de significado. Se a lei moral consiste na exigência de tratar os outros não só como meios, mas também como fins em si mesmos, então, ao respeitar a lei moral, estamos respeitando os outros. Nesse caso, respeitamos as pessoas não por-

---

14. Curiosamente, esse é o relacionamento que existe, segundo algumas religiões, entre um deus ou um santo e a sua representação ou a sua relíquia sagrada.
15. *Groundwork* [Fundamentos], 428.

que exemplificam a lei moral com a sua conduta, e sim porque devemos tratá-las como fins em si mesmas. O respeito às pessoas (nesse segundo sentido) é o mesmo que tratar as pessoas (ou melhor, a sua humanidade) como fins em si mesmas.

No seu famoso artigo "Dois tipos de respeito"[16], Darwall identifica o uso que Kant faz do respeito nesse segundo sentido com a sua própria explicação do que chama de "reconhecimento-respeito" às pessoas:

> Ter reconhecimento-respeito por alguém como pessoa é dar o devido peso ao fato de que esse alguém é uma pessoa por estar propenso a refrear o seu comportamento de acordo com o que esse fato exige... O reconhecimento-respeito às pessoas, então, é idêntico ao reconhecimento-respeito às exigências morais que são depositadas em alguém pela existência de outras pessoas[17].

---

16. "Two kinds of respect", *Ethics*, 88 (1977), 36 em 46.
17. *Ibid*. S. L. Darwall multiplica os tipos de respeito sem necessidade. A diferença entre o apreço-respeito e o reconhecimento-respeito no seu artigo não se dá entre dois tipos de respeito, e sim entre dois tipos de objeto do respeito, cada qual respeitado do modo que lhe é devido. É fácil perder isso de vista pelo fato de que "Eu respeito essa pessoa" não revela o que eu respeito nela. Posso respeitá-la como uma pessoa moral ou como um professor devotado – casos do apreço-respeito darwalliano –, ou respeitá-la como uma pessoa ou como o presidente dos Estados Unidos – casos do reconhecimento-respeito darwalliano. É verdade que o meu respeito a ela como pessoa moral e o meu respeito a ela como pessoa manifestam-se em diferentes atitudes e ações. Mas assim também o meu respeito a ela como pessoa moral e o meu respeito a ela como professor. Em cada caso, os modos pelos quais o meu respeito se manifesta variam dependendo do seu objeto e dos seus motivos. Tais diferenças não equivalem a mostrar que existem tipos radicalmente diferentes de respeito, um de reconhecimento e outro de apreço.

Se isso é correto, então ficamos sem um esclarecimento do conceito de respeito. Se fundimos o apreço-respeito e o reconhecimento-respeito, a noção genérica passa a ser algo semelhante: reconhecer o valor do objeto do respeito e estar propenso a reagir adequadamente. Mas essa explicação é ampla demais. Vou voltar a esse ponto mais adiante. Para o objetivo do nosso argumento, podemos contar com o nosso entendimento não-sistematizado do respeito.

Na esteira de Darwall, Frankena explica que, "com efeito, respeitar as pessoas nesse sentido é apenas vê-las como moralmente consideráveis enquanto tais"[18]. Isso significa "que a existência de uma pessoa enquanto tal faz com que seja errado ou mau tratá-la de certos modos e correto ou bom tratá-la de outros modos"[19].

Respeitamos as pessoas como pessoas quando reconhecemos que há limitações no modo de exercer impacto sobre as pessoas, limitações derivadas do fato de que elas são pessoas. Respeitamos as pessoas, não as tratamos somente como meios, mas também como fins, tratamos as pessoas como membros do reino dos fins, se as tratamos como as pessoas devem ser tratadas.

Tudo isso pode parecer banal. Isso inclui a importante questão de que respeitar as pessoas é um modo de tratá-las. Não é um sentimento nem uma emoção, tampouco uma crença, embora isso possa basear-se numa crença e fazer-se acompanhar (pelo menos de vez em quando) de determinados sentimentos. É um modo de se comportar e, mais indiretamente, de estar propenso a se comportar para com o objeto do respeito. Além desse ponto, contudo, não é banal a idéia de tratar as pessoas como as pessoas devem ser tratadas? Devemos tratar os carros como os carros devem ser tratados, os computadores como os computadores devem ser tratados e as pessoas como as pessoas devem ser tratadas. Como poderia ser diferente? Talvez a diferença seja esta: afirmar que as pessoas devem ser tratadas como as pessoas devem ser tratadas implica que existe um modo pelo qual as pessoas *qua* pessoas devem ser tratadas, o que sugere que algumas propriedades intrínsecas das pessoas têm por conseqüência o fato de que elas devem ser tratadas de um determinado modo. Talvez isso queira dizer que existem modos pelos quais as pessoas devam ser tra-

---

18. "The Ethics of Respect for Persons", 157.
19. *Ibid.*

tadas só porque são pessoas, independentemente de tudo o mais[20]. Pode-se também entender com isso que a razão não é condicionada a nada, que ela subsistiria por mais que o resto do mundo mudasse. Por outro lado, isso pode significar que o fundamento da razão não implica nada mais, que a sua inteligibilidade é capaz de se constituir sem referência a nada mais. As características cuja presença é tudo o que é necessário para fundamentar a inteligibilidade da alegação de que há uma razão para V podem ser chamadas de razão completal (para V). Vamos supor que a afirmação de que se deve tratar as pessoas como as pessoas devem ser tratadas implica que a presença de algumas propriedades intrínsecas das pessoas seja uma razão que é tanto (a) incondicional quanto (b) completa em relação a um determinado modo de tratar as pessoas. O mesmo não vale para o respeito a carros ou computadores. Nesse caso, a razão de respeitá-los é a utilidade que têm para nós ou para os outros. Sendo devida ao seu valor instrumental, ela advém das suas propriedades não-intrínsecas, ou seja, extrínsecas, e não das limitações em tratá-los por serem o que são em si mesmos.

Que propriedade ou propriedades intrínsecas das pessoas constituem uma razão completa e incondicional para tratá-las com respeito? E que maneira de tratar as pessoas atenderia à exigência de tratá-las com respeito? No pensamento kantiano, a resposta à primeira pergunta reside no fato de que as pessoas são (necessária ou essencialmente) fins em si mesmas. Para averiguarmos essa idéia, precisamos primeiro entender o que vem a ser um fim em si mesmo e então explicar por que existe uma razão para tratar com respeito o que é um fim em si mesmo.

---

20. Isso não significa necessariamente que tal razão seja irrefutável ou que tenha alguma força específica.

3. Sobre ser um fim em si mesmo

Precisamos de uma caracterização formal do que vem a ser um fim em si mesmo, que não dependa diretamente da identificação de casos especiais de fins em si mesmos, mas apenas identifique qual é a diferença entre os fins em si mesmos e os outros fins. Uma tal caracterização vai nos permitir averiguar se as pessoas são fins em si mesmas e se poderia haver outros fins desse tipo[21].

Uma caracterização assim é apresentada por Nozick:

> Restrições colaterais à ação refletem o princípio kantiano fundamental de que os indivíduos são fins e não somente meios... Não há nenhuma restrição colateral ao modo como podemos usar uma ferramenta, a não ser as restrições morais ao modo como podemos usá-la contra os outros... não há nenhum limite àquilo que podemos fazer com ela para melhor realizar os nossos objetivos. Agora, imaginemos que houvesse uma restrição R anulável ao uso de uma certa ferramenta. A ferramenta, por exemplo, poderia ter sido cedida a você somente sob a condição de que R não seria violada, a menos que o ganho de assim proceder fosse superior a uma quantidade especificada ou a menos que isso fosse necessário para atingir um determinado objetivo especificado. Nesse caso, o objeto não é *completamente* uma ferramenta sua, a ser usada conforme o seu desejo ou o seu capricho. Mas ainda assim é uma ferramenta, mesmo em observância à restrição anulável. Se acrescentarmos restrições ao seu uso que não possam ser anuladas, então talvez o objeto não seja usado como uma ferramenta segundo *esses modos*. *Nesses aspectos*, não se trata em absoluto de uma ferramenta. É possível acrescentar restrições suficientes para que um objeto não possa jamais ser usado como uma ferramenta, em *nenhum* aspecto?[22]

---

21. Por razões que não vou discutir aqui, estou de acordo com aqueles que não consideram inteiramente satisfatório o desenvolvimento que o próprio Kant deu a essas idéias. Daí que a investigação a seguir enverede por diferentes caminhos, se bem que todos kantianos em essência, pelo menos até certo ponto.

22. *Anarchy, State and Utopia*, Nova York, Basic Books, 1974, pp. 30-31.

Essa linha de pensamento, ressoando a linguagem kantiana citada anteriormente, não deixa de ser interessante. Se encontramos restrições para o que podemos fazer com um objeto, por outras razões que não a utilidade atual ou futura que tenha para nós, então essas restrições não podem derivar do fato de que se trata de uma ferramenta. Segue-se daí que há algum aspecto normativamente importante quanto a esse objeto que não é explicado pela sua condição de ferramenta. Poderíamos dizer que não se trata apenas de uma ferramenta. De modo semelhante, ele não está inteiramente à nossa disposição, uma vez que há razões para tratá-lo desse ou daquele modo que não advêm do uso que fazemos ou que podemos fazer dele. Mas daí se conclui que ele é um fim em si mesmo?

Nozick parece acreditar que, já que não podemos usá-lo de modo nenhum como uma ferramenta, então ele é um fim em si mesmo. Mas isso pode ser um erro. Como Kant dá a entender, aquilo que é um fim em si mesmo pode também ter um valor para os outros, e não há nada de errado no fato de que eles busquem nele os seus interesses, contanto que agindo assim respeitem a sua condição de fim em si mesmo. A caracterização de Nozick é excludente: um objeto tem a condição de fim na medida em que não é meio para nada.

A principal dificuldade da abordagem de Nozick é o seu pressuposto de que não se permitir tratar um objeto como uma ferramenta equivale a tratá-lo como um fim em si mesmo. Nozick nos dá a entender que não só nós, isto é, cada um de nós, não podemos usar o objeto como bem desejamos (o que pode acontecer simplesmente porque ele é útil para outra pessoa), como também que há limitações no modo como devemos lidar com ele que não derivam do seu valor instrumental para alguém (isto é, os limites do uso que cada um de nós faz dele não derivam apenas do seu valor instrumental para os outros). Mesmo assim, a conclusão é somente que o objeto tem um valor não-instrumental, ou seja, intrínseco. Não se segue daí que ele seja um fim em si mesmo.

Antes de mais nada, nem todo ato que não trata um objeto como um meio para um fim trata-o como um fim em si mesmo. Os atos despropositados, como os atos expressivos, constituem um bom exemplo. Quando uma pessoa golpeia a mesa com irritação, não está usando a mesa como um meio para um fim nem tratando-a como um fim em si mesma. Pensar que ela está usando a mesa como um meio para expressar a sua irritação é confundir uma ação expressiva com uma ação designada para expressar ou aliviar uma emoção[23].

As ações despropositadas não contêm restrições ao uso de um objeto. Seria um erro, porém, pensar que a existência de uma restrição racionalmente justificada ao uso de um objeto que não deriva do seu uso-valor demonstra que ele é um fim em si mesmo. Uma opinião comum sobre as boas obras de arte, que não deixa de ser correta[24], oferece um exemplo elementar disso. As obras de arte devem ser valorizadas em si mesmas, e portanto há restrições ao seu uso que não derivam do seu valor instrumental para alguém. Essas restrições advêm do valor intrínseco das boas obras de arte, que é o motivo pelo qual elas merecem o nosso respeito. A questão não é que mesmo as boas obras de arte não são tão valiosas como as pessoas. Talvez determinadas obras de arte sejam mais valiosas do que determinadas pessoas. É racional, pelo menos, esperar que as pessoas arrisquem ou sacrifiquem a sua vida para criar ou preservar grandes obras de arte. A questão é que as pessoas, mesmo que tenham um valor instrumental, e mesmo que sejam valiosas do modo como o são todos os objetos intrinsecamente valiosos (como as boas obras de arte), são valiosas *também*

---

23. Talvez algumas ações irracionais sejam exemplos melhores. É possível, porém, anular a sua força restringindo a tese às ações racionais, visto que, pela sua própria natureza, as ações irracionais estão sujeitas a ser um caso à parte em muitas teses sobre a ação.

24. Para o presente propósito, a correção não importa, já que se sabe que poderia ser uma opinião correta sobre as obras de arte ou sobre alguns outros objetos.

de um modo diferente. Vemos agora que ter valor em virtude de um traço intrínseco não é suficiente para caracterizar a condição de ser um fim em si mesmo. Essa diferença entre os vários tipos de valor que as propriedades intrínsecas das coisas podem lhes atribuir é justamente o que precisamos entender.

Na exposição de Nozick citada acima, existe ainda uma outra dificuldade. Ela pressupõe que, para que a ferramenta seja um fim em si mesma, as razões não relacionadas com a ferramenta devem ser absolutas, isto é, razões que não podem ser anuladas. Isso é coerente com o ponto de vista kantiano sobre o respeito às pessoas, mas pode gerar controvérsias, e seria melhor dispor de uma explicação que tivesse essa característica, se tanto, como sua conseqüência, e não entre as suas características definidoras. Ou seja, seria melhor que pudéssemos fazer uso da exposição dos fins em si mesmos para motivar o caráter absoluto da razão de respeitar, quando ela tivesse um tal caráter.

Isso conduz a uma questão mais ampla: a exposição de Nozick sugere[25] que é possível explicar a natureza dos fins em si mesmos pelo caráter do tratamento de qualquer coisa que seja um fim em si mesma. Isso, entretanto, deixa de lado a idéia de que a condição de ser um fim em si mesma é o *fundamento* para que uma coisa seja tratada de modo adequado. Para que seja assim, faz-se necessária uma caracterização do que é ser um fim em si mesmo que é pelo menos em parte independente do modo como os fins em si mesmos devem ser tratados. No entanto, a etimologia talvez aponte outro caminho: dizer que algo é um fim em si mesmo pode significar dizer que esse algo deve ser tratado como um fim, mas não em consideração a qualquer outro fim além dele. Ou seja, a expressão sugere como tratar algo em vez de especificar um fundamento para tratá-la desse modo.

---

25. E, dada a sua brevidade, é difícil saber até que ponto convém interpretá-la. É mais um exemplo informal do que uma caracterização, como a estou considerando aqui?

Isso apenas gera uma outra dificuldade: está longe de ser evidente de que modo uma pessoa é capaz de ser um fim, seja em si mesma, seja em qualquer outro sentido. Posso ter como fim arranjar empregos para as pessoas, ou zelar para que não sofram nenhum mal, ou lhes garantir uma boa renda, ou guardá-las das tentações, e assim por diante. Mas, em vez do fim de lhes assegurar alguma coisa, podem elas próprias ser os meus fins? Acho que tendemos a equiparar a condição de ser um fim em si mesmo à condição de ser um valor em si mesmo e tomamos essa condição como o fundamento de um determinado tratamento, ou seja, o respeito. Portanto, vamos examinar a noção do que é ser um valor em si mesmo, tomando emprestadas as questões já discutidas, ou seja, que ser um fim em si mesmo implica ter características intrínsecas que atribuem a uma pessoa um valor incondicional, em cujo contexto esse valor é independente de ser bom para algo ou alguém e possuí-lo é uma razão completa para que o seu possuidor seja tratado com respeito[26].

4. Sobre ser valioso em si mesmo

O conceito de *ser valioso em si mesmo* é um conceito filosófico. Ele surgiu para distinguir uma determinada categoria do valor cuja existência é fundamentada pela própria natureza do valor, ou seja, se algo tem algum valor, então esse algo é valioso em si mesmo. Entendemos o conceito se entendemos o seu papel em relação a outros conceitos essenciais do valor. Todos os conceitos que vou comentar tratam de coisas que têm valor ou que são boas. Dois *caveats*

---

26. É instrutiva a discussão que Frances Kamm faz sobre as pessoas como fins em si mesmas em *Morality, Mortality*, vol. II, *Rights, Duties and Status*, Oxford, Oxford University Press, 1996: em nenhum momento a autora tenta explicar como as pessoas poderiam ser *fins*, muito menos fins em si mesmas. Ela usa a expressão como um termo artístico, e creio que é justo dizer que a sua discussão trata realmente das pessoas como tendo valor em si mesmas.

iniciais vão nos ajudar a evitar mal-entendidos. Primeiro, o meu uso inflacionário do valor, explicado e justificado no Capítulo 2, também vai ser seguido aqui. Qualquer propriedade cuja posse pode necessariamente explicar e justificar os atos executados que a possuem, seja adquirir objetos, ou iniciar ou levar adiante relacionamentos que detêm essa propriedade, etc., é uma propriedade de valor, uma propriedade que necessariamente torna *pro tanto* bom o que quer que a possua. As propriedades cuja posse inerentemente justifica ou torna inteligível o evitamento, etc., assinalam que os seus possuidores são, *pro tanto*, maus. São propriedades malfazejas. Segundo, temos que distinguir entre as proposições categóricas e as proposições relacionais acerca da qualidade boa das coisas. O meu interesse incide nas proposições do tipo "x é bom (ou 'tem valor')", e não nas proposições do tipo "y é bom para (ou 'tem valor para') x". As proposições do tipo "y é bom para x" podem ser verdadeiras mesmo que a correspondente proposição "x é bom" seja falsa. "Mais informações vão ser boas para a conspiração" não implica que a conspiração seja boa.

É inerente à natureza do valor que tudo aquilo que é valioso, ou é valioso para algo ou para alguém de valor, ou é valioso em si mesmo[27]. É claro que qualquer coisa que seja instrumentalmente valiosa, isto é, valiosa por causa das suas conseqüências, ou por causa das suas prováveis conseqüências, ou (por exemplo, com coisas como ferramentas, que são meios para fins) por causa da utilidade que pode ter, é valiosa por causa da sua contribuição para alguma outra coisa que é valiosa[28]. O mesmo é verdadeiro para

---

27. Por isso, embora "y é bom para x" não implique "x é bom", alego que este último implica que ou "há algo bom para o que x é bom" ou "x é bom em si mesmo". Nos parágrafos seguintes, baseio-me na análise que fiz sobre o assunto em "The Amoralist", de *Engaging Reason*.

28. Essa questão é freqüentemente ignorada. Pressupõe-se muitas vezes que alguma coisa é instrumentalmente boa apenas quando há alguma outra coisa para a qual ela seja boa, por mais sem valor ou por pior que esta seja. Mas, se alguma coisa é instrumentalmente valiosa, é valiosa. É válido pos-

a maioria dos bens intrínsecos. As boas obras de arte, as amizades, os jogos de tênis (quando tudo isso é julgado separadamente do seu valor instrumental) são valiosos porque podem ser bons para as pessoas.

Sempre que uma coisa é valiosa ou boa para outra[29], podemos explicar como isso ocorre. Trocar o óleo do motor é bom para o motor porque faz com que ele funcione melhor, de maneiras especificáveis. Trocar a água do vaso é bom para as flores porque faz com que elas fiquem chamativas por mais tempo. Vacinar o gato é bom para ele porque o protege de doenças, etc. A explicação muitas vezes aponta ou pressupõe que o objeto para o qual o bem é bom é em si mesmo bom porque é, ou pode ser, bom para alguma outra coisa ou para alguém mais. Trocar o óleo é bom para o motor, porque um motor em bom funcionamento é bom para... No entanto, essa cadeia tem que parar a certa altura para que alguns dos seus elos façam o mínimo de sentido. Poderíamos dizer que o condicional[30] precisa vir a pertencer a algum bem incondicional. De outro modo, não serviria para nada. Qualquer coisa que seja boa incondicionalmente é boa em si mesma.

Não se trata de uma observação sobre a regressão infinita. Nem toda regressão infinita desafia a inteligibilidade. Trata-se de uma observação sobre a natureza do valor. Se A

---

suí-la, guardá-la ou adquiri-la, ou ela possui valor de troca, etc. Mas, se tudo o que se pode dizer a seu respeito é que ela é boa para algo, como por exemplo para fazer com que as pessoas sofram, não se conclui daí que seja boa. Na verdade, como nesse exemplo, ela também pode ser má.

29. Como o restante das observações feitas aqui sobre o uso ou o significado de várias expressões, os comentários sobre o "bom para" não têm a pretensão de ser exatos, muito menos de darem um registro abrangente do uso da expressão. Servem para captar o uso principal ou nuclear que se faz dela. Mas vale a pena observar que eles se aplicam a "bom para uma coisa (ou para coisas)", e não a "bom para uma ação" (por exemplo, "essa faca é boa para torturar").

30. Usamos o contraste entre um bem "condicional" e um bem "incondicional" com respeito a diferentes condições possíveis em diferentes contextos. Nesse caso, "um bem condicional" está condicionado a (a) ser bom para alguma coisa ou alguém, que também são (b) bons ou têm valor.

é bom para B que é em si destituído de valor, que A seja bom para B não é razão para que alguém faça alguma coisa, tampouco uma razão para valorizar A de algum modo. É como se o valor de A não tivesse valor. Em outras palavras, A não tem valor. Se B é bom, mas só na medida em que é ou pode ser bom para C, então, se o valor de A significa ou não alguma coisa (como foi explicado acima), isso depende de C ser ou não valioso. Se A está regando ou aspergindo um *spray* protetor em B, que é uma planta – o que é bom porque permite que B produza C, a sua fruta –, então o valor do regar ou do aspergir de A depende de saber se a fruta tem algum valor (supondo que B não seja valiosa de nenhum outro modo). Se não há nada de bom na fruta, que bem há em regá-la?

O argumento não é dedutivo, e a sua conclusão não deixa de ter exceções. As exceções nos são familiares. Vamos encontrar discursos sobre o que é bom, por exemplo, nos quais a veracidade das afirmações acerca do valor das coisas é determinada pelo que algumas pessoas ou doutrinas religiosas, etc., tomam como sendo bom. Pode haver domínios do discurso que reflitam as crenças das gerações anteriores, usadas atualmente sem a sua significação normativa, muito como a terminologia religiosa, tendo perdido o sentido religioso, permeia o discurso secular, muito como emprego a palavra "criatura" sem pressupor a existência de um criador.

O fato de que o que é bom seja bom em si mesmo ou capaz de ser bom para alguma outra coisa não reduz tudo o que não é bom em si mesmo ao nível de um bem instrumental. Quando se diz que ler Proust enriquece a vida de uma pessoa, não se está chamando a atenção para as conseqüências da leitura. Antes, ler Proust com critério é que constitui tal enriquecimento. Engajar-se com bens intrínsecos da maneira correta e com a disposição correta (e tanto a maneira quanto a disposição são diferentes para jogar tênis e para ler Proust) é bom em si e por si mesmo para alguém, de uma entre muitas maneiras possíveis.

De modo semelhante, o fato de que qualquer coisa que não é boa em si mesma será boa somente se for capaz de ser boa para alguém ou para alguma outra coisa não significa que o que a *torna* boa seja o fato de que ela é capaz de ser boa para alguém ou para alguma outra coisa. Nesse caso, os bens intrínsecos diferem dos bens instrumentais. Para os bens instrumentais, a inferência é válida: o que faz com que um carro bom seja bom é o fato de que pode ser usado pelas pessoas. Mas tal inferência não dá certo com os bens intrínsecos. O que faz com que "O Jardim" de Bonnard seja um bom quadro são as cores suntuosas, a densa textura dos matizes, o êxito em retratar a profundidade do jardim e as suas plantas a despeito da aparente planura, o emprego dessa planura para dissimular as relações espaciais e dar-lhes ambigüidade, etc. O quadro é bom para nós porque é bom, e não bom porque é bom para nós. Ainda assim, ele não seria bom a menos que pudesse ser bom para nós (ou para alguém mais, para alguma criatura extraterrestre, etc.). A maneira pela qual a capacidade de ser bom para nós limita as características que podem torná-lo bom é indireta. A importância potencial para a vida humana está inserida entre os critérios da arte e entre os critérios de ser uma obra de arte bem-sucedida. O êxito de uma obra de arte individual é determinado então pelo seu êxito como obra de arte.

Qualquer coisa que não é boa em si mesma será boa somente se for capaz de ser boa para alguém ou para alguma outra coisa. A dependência inversa também é possível? É imprescindível que, se alguém ou alguma coisa são bons em si mesmos, haja alguma coisa ou alguém que sejam capazes de ser bons para eles? À primeira vista, essa idéia pode surpreender. Afinal, o argumento para a existência de bens em si mesmos era que, se não fosse assim, nada teria um valor "real". Para compreender a possibilidade do valor, é preciso firmar o valor naquilo que é incondicionalmente valioso. Como pode o valor daquilo que é incondicionalmente valioso ser condicionado pela possibilidade de existirem coisas que são apenas condicionalmente valiosas? No entanto, tal dependência mútua é possível e não precisa ser simétrica. Se o modo como o incondicional depende do condicional difere do modo como o condicional depende do incondicional, a assimetria indicada pelo contraste entre o condicional e o incondicional pode ser mantida.

A dependência inversa está pressuposta no entendimento que se costuma ter do valor. Pressupomos que o que tem valor em si mesmo pode interagir com os outros valores ou com as outras coisas em seu benefício ou em seu detrimento. Como seria negar isso? Exigiria a crença na possibilidade de uma forma enérgica de autarquia do valor. Se uma montanha feita de material indestrutível, como por exemplo o ouro, totalmente estável, não-reativo, não-fundível, etc., fosse valiosa em si mesma, então a dependência inversa não se lhe aplicaria: não haveria nada que fosse bom para ela. Ela seria incapaz de interagir com qualquer coisa em seu benefício. Ela está ali e pronto. A idéia de que o que tem valor em si mesmo pode ser assim é desconcertante. Pressupomos que o que tem valor em si mesmo precise ter uma vida ou uma história, isto é, que seja capaz de interagir de maneiras significativas com os outros valores e com as outras coisas, por meio dos quais prospera ou declina. Pressupondo que todas as partes do mundo natural interagem causalmente entre si, a suposição de uma coisa assim autárquica é quase impossível. Não chega a ser completamente impossível porque apenas as interações que interferem no valor da coisa ou na sua história são importantes para essa forma de autarquia. Mas, considerando que a duração seja provavelmente um bem, visto que é um bem em si mesma, é razoável supor que a autarquia é impossível, e isso nos ajudaria a explicar por que o nosso entendimento do valor parece excluí-la[31].

---

31. Se houvesse um bem autárquico em si mesmo, refutando a tese da dependência mútua, seria difícil fundamentar esse estado de coisas. Presume-se que, se nos fosse dado conhecê-lo, iríamos admirá-lo ou valorizá-lo, e uma tal valorização seria boa para nós (ver mais adiante). Mas então o que deveria

Vou pressupor que, pela sua própria natureza, o valor subentende uma dependência mútua. Qualquer coisa que seja boa ou que tenha valor (a menos que seja um bem em si mesmo[32]) pode ser boa ou ter valor para alguém ou para alguma coisa, numa cadeia que termina com ser bom em si mesmo. A qualidade boa, a história ou a vida daquilo que é bom em si mesmo exigem a interferência ou o engajamento adequado com o que lhe seja bom.

5. Sobre o valor dos valorizadores

Chegou a hora de passarmos da reflexão sobre a categoria abstrata de ter valor em si mesmo para a questão de quem ou o que possuem tal valor. Vou abordar essa questão somente pelo modo como ela se aplica às pessoas, embora o padrão do argumento a ser usado não apresente restrições.

Se algo tem valor, então as coisas que têm valor em si mesmas podem existir. Porque é da natureza de qualquer coisa que tenha valor, exceto a coisa que seja valiosa em si mesma, o fato de que o seu valor pressupõe que ela possa ser boa ou que tenha valor para alguma outra coisa, e em última instância para aquilo que tem valor em si mesmo. Embora nada que tenha valor em si mesmo precise existir num tempo determinado, coisas desse tipo têm que ser capazes de existir, porque essa possibilidade é uma precondição para que qualquer coisa que seja valiosa, exceto a coisa valiosa em si mesma, seja possível.

Mostrar que qualquer coisa valiosa tem valor em si mesma é suficiente para fundamentar que (a) existem coisas

---

ser bom em si mesmo seria também bom para nós, porque seríamos melhores por conhecê-lo, por admirá-lo, etc. Portanto, seria também um bem intrínseco. Como seria possível fundamentar que não se trata apenas de um bem intrínseco, mas também de um bem em si mesmo? Da nossa perspectiva, essa talvez seja uma distinção sem ser uma diferença.

32. Vou argumentar mais adiante que o que é bom em si mesmo pode também ser bom para outras coisas além de si mesmo. A exceção entre parênteses não constitui uma exceção real.

que são boas para ela[33], mas que (b) o seu ser bom para ela não está condicionado a ela, contribuindo para o bem de alguma outra coisa[34]. Esse critério se baseia num determinado aspecto da questão mais geral de que alguma coisa boa será boa em si mesma se o fato de ser boa não estiver condicionado a qualquer outra coisa que seja boa[35].

Um ponto de vista geral e também kantiano (se bem que não exclusivamente) afirma que as pessoas têm valor em si mesmas porque são valorizadores. Isso me parece correto, mas, antes de examinarmos algumas razões que sustentam esse ponto de vista, convém fazer certos esclarecimentos. Em primeiro lugar, não estou alegando que apenas os valorizadores têm valor em si mesmos. O fato de que eles são os únicos é, evidentemente, um ponto de vista geral e kantiano. Ele às vezes conduz as pessoas na direção de uma ética da reciprocidade, da ética enquanto as obrigações compartilhadas dos agentes morais e para com eles[36]. Não vou propor nenhuma hipótese desse tipo. É provável que a maioria dos membros de muitas outras espécies animais que não são agentes morais sejam também fins em si mesmos[37], valiosos em si mesmos, e pode haver outros.

---

33. Isso seria o mesmo que tornar melhor essa coisa, ou tornar melhor a sua vida (a sua história)? Provavelmente não. Mas isso mostra o quanto eu estava abusando da noção de "bom para". Numa leitura comum, a resposta a essa pergunta seria afirmativa. No entanto, venho usando "bom para" como um equivalente de "seria uma boa coisa para o agente fazer ou possuir, etc.". As outras coisas permanecendo iguais, é bom para mim tomar esse sorvete agora. Não se conclui daí que isso vá melhorar a minha vida, muito menos a mim mesmo.

34. Note-se que essa condição não é atendida pelos bens intrínsecos, como as boas obras de arte, cujo valor depende do fato de serem boas para as pessoas, na interpretação mais livre e lata de "bom para" que dou à expressão.

35. Nesse sentido, as coisas que são boas porque são capazes de ser boas para alguém ou para alguma outra coisa são condicionalmente boas. A sua qualidade boa está condicionada à possibilidade da existência de outros bens, os bens para os quais elas podem ser boas.

36. Ver, por exemplo, C. Korsgaard, "The Reasons We Can Share", em *Altruism*, org. Ellen Frankel Paul, Fred D. Miller, Jr., e Jeffrey Paul, Nova York, Cambridge University Press, 1993.

37. Se bem que, no sentido em questão, pelo menos alguns deles também podem ser valorizadores.

Em segundo lugar, o meu entendimento dos valorizadores é muito mais solto e abrangente do que o de muitos autores, incluindo Kant. Esse entendimento engloba todas as criaturas da natureza capazes de uma ação intencional[38]. Uma ação intencional é uma ação movida por razões, ou seja, uma ação empreendida à luz de uma avaliação de si mesmo e das suas circunstâncias. É uma reação aos aspectos normativos (percebidos) do mundo, conforme se relacionam com o indivíduo. É por isso que os agentes (isto é, aqueles capazes de uma ação intencional) são valorizadores. Mas tal avaliação pode ser apenas implícita ou se dar abaixo do nível da consciência. Ela não precisa incluir mais do que o reconhecimento de que um curso de ações vai ser sofrido ou prazeroso[39]. Mas deve incluir o reconhecimento de tais fatos como razões (embora não necessariamente usando esses conceitos). Deve consistir em dirigir a conduta e a vida de uma pessoa, à luz do entendimento que ela possui daquelas características do mundo que são razões, e não simplesmente reações reflexas aos fatores que são na verdade razões. Não estou pressupondo que exista uma divisória nítida entre valorizadores e não-valorizadores.

Por que os valorizadores têm valor em si mesmos? O argumento que vou apresentar aqui compõe-se de três partes. A primeira baseia-se na dependência natural mas assimétrica dos bens intrínsecos que são bons para alguém e daqueles que são incondicionalmente bons, ou seja, bons em si mesmos. O pensamento valorativo, como argumen-

---

[38]. Muitos agentes artificiais, ou agentes produzidos culturalmente, preenchem a condição de valorizadores. Não penso que eles tenham valor em si mesmos. São, num sentido que ainda falta explicar, valorizadores apenas derivativamente. Mas não vou discutir aqui a sua condição.

[39]. Ou seja, os valorizadores talvez tenham que ser capazes de reconhecer que as opções situam-se sob este ou aquele conceito valorativo (embora a série de conceitos valorativos que são capazes de pôr em prática seja limitada). Mas eles não precisam dominar conceitos como "opções" ou "conceitos valorativos", tampouco adquirir domínio total dos conceitos valorativos dos quais têm alguma noção.

tei, pressupõe tanto coisas valiosas quanto criaturas valiosas. A suposição tácita era a de que uma pessoa deve se engajar corretamente[40] naquilo que lhe seja bom. Num certo sentido, os valores intrínsecos existem para que aqueles que têm valor em si mesmos engajem-se neles. O seu valor é realizado quando aqueles que têm valor em si mesmos engajam-se neles corretamente.

O uso de "realizar" pode confundir e dar a entender que eles não têm valor até que sejam realizados. Talvez os romances ainda não lidos tenham apenas um valor potencial. Isso, porém, é um erro, e não é verdadeiro em relação aos nossos conceitos do valor e do bem. Entretanto, admite a possibilidade de que o valor das coisas que têm valor real e não somente potencial seja desperdiçado. Eis o que a referência a valores realizados pretende comunicar. Os bens cujo valor é realizado não são bens desperdiçados. Tudo isso para dizer que os quadros existem para ser vistos e apreciados, os romances para ser lidos, as laranjas para ser comidas, as montanhas para ser contempladas ou escaladas, etc. Essas coisas existem para que isso lhes aconteça, no sentido de que o seu valor para os outros permanece não-realizado até que alguém que tenha valor em si mesmo relacione-se com eles corretamente.

Valorizar algo de valor, reconhecer o seu valor, é um paradigma para engajar-se corretamente no que é valioso. Às vezes, isso é praticamente o único dado de tal engajamento. Ao ouvir música, assistir a um balé, ler romances ou poemas, contemplar quadros, e assim por diante, a apreciação do que se ouve ou do que se vê, o reconhecimento, mais ou menos pleno, do seu valor nos seus vários aspec-

---

40. Essa noção decisiva rejeita explicações rápidas e gerais. O modo correto de engajar-se em um bem depende da espécie de bem de que se trata. Se se trata de um romance, é lê-lo com penetração e interesse, se se trata de uma partida de tênis, é concentrar-se no jogo e mostrar destreza, etc. Muitas vezes a expressão "engajar-se corretamente" é inflacionada demais: por acaso comer uma laranja manda comê-la devagar, saboreando o seu perfume, a sua substância suculenta e o seu gosto?

tos, com a atenção e a acuidade devidas, e sem ressentimento ou inveja, etc., constituem o modo correto de se engajar em tais obras de arte[41]. Em outros casos, reconhecer o valor daquilo em que se está engajado é apenas uma parte, mas uma parte essencial, do modo correto de se engajar no valor. Quando se vai escalar uma montanha ou jogar tênis, ou representar um cliente no tribunal, ou projetar um edifício, estão envolvidas muito mais coisas além do reconhecimento. Mas, quando não se entende o valor potencial do que se está fazendo, e com isso a diferença entre fazê-lo bem e deixar de fazê-lo bem, o engajamento na atividade de valor é falho.

Algumas pessoas sustentam que o reconhecimento do valor é um elemento necessário de qualquer engajamento adequado em qualquer valor intrínseco (embora, é claro, o que esse reconhecimento implica varie muito, desde apreciar uma fatia de pão fresco até apreciar Proust). Pode-se argumentar que é marca distintiva de um valor intrínseco o fato de não poder colaborar com uma pessoa ou com uma vida sem ser reconhecido pelo valor que é. Essa afirmação elementar exigiria muita elaboração para ser válida em relação a todas as pessoas e a todos os animais que se podem beneficiar dos bens intrínsecos. O exemplo dos prazeres sensuais indica os limites dessa afirmação. Em todo o caso, o reconhecimento do valor do que é valioso é no mínimo parte de muitas formas de engajamento correto no valor. Portanto, aqueles que são capazes disso, ou seja, aqueles que chamamos de valorizadores, atendem à primeira condição do que é ser um bem em si mesmo. Se há valores in-

---

41. Esse exemplo mostra que o reconhecimento do valor é mais do que acreditar que a coisa tem valor, mais até do que acreditar que ela tem o valor específico que tem de fato. Ouvir música com atenção e acuidade, etc., não está implicado no simples fato de acreditar no valor da música. Pressupõe tal fato, mas consiste em muito mais, consiste em acúmulos de atitudes e reações adequadas com respeito a esse valor. Ser um valorizador, conforme o conceito é aqui entendido, é ser capaz de reconhecer o valor, de valorizar o que é valioso, e não simplesmente ser capaz de conceber crenças sobre o valor das coisas.

trínsecos cuja realização requer reconhecimento, um reconhecimento que, sendo valorizadores, eles podem oferecer, então há coisas que lhes são boas, supondo que os valorizadores sejam bons.

Para mostrar que os valorizadores não desempenham apenas o papel de terem valor em si mesmos em relação aos bens que são bons para os outros, mas que eles realmente têm valor em si mesmos, é preciso mostrar, em segundo lugar, que o seu bem não importa simplesmente porque é um bem para alguém ou para alguma coisa. As pessoas podem ter valor em si mesmas ainda que tenham valor para os outros, contanto que o seu valor ou o valor da sua vida não se devam unicamente ao fato de que elas têm valor para os outros. Quando imagino as diversas coisas que são intrinsecamente boas para as pessoas, e nas quais a sua capacidade de reconhecer o valor permite que elas se engajem, não consigo imaginar um modo pelo qual o fato de enriquecer com os valores em muitos desses aspectos seja capaz de responder pela utilidade que as pessoas possam ter para os outros. Na maioria das vezes, quando as pessoas são úteis para os outros, elas são úteis para outras pessoas, o que não nos ajuda a mostrar que as pessoas não têm valor em si mesmas. Em geral, assim se mostra apenas que aquilo que é bom para nós freqüentemente pode ser compartilhado, e compartilhado de modo que eleve o seu valor diante de todos aqueles para quem isso é bom.

O modo pelo qual as pessoas podem ser úteis para outros animais muitas vezes revela o mesmo padrão, de bens compartilhados, cujo compartilhamento eleva o seu valor para aqueles que os compartilham. Quando não passa nesse teste, o nosso valor para os animais e para as coisas também não consegue se relacionar com a maioria dos valores que enriquecem a vida das pessoas. A apreciação das artes, dos esportes, dos prazeres da moda e da gastronomia não fornece senão uns poucos exemplos que parecem não ter nada ou quase nada a ver com qualquer utilidade que as pessoas possam ter para os animais de outras espécies. Por isso, as pessoas como valorizadores não só ocupam o papel do que tem valor em si mesmo, mas também o fazem como o último elo da cadeia, e não apenas porque são boas para alguma outra coisa.

A parte final do argumento precisa explicar por que a ocupação desse papel nas relações de valor torna as pessoas valiosas em si mesmas não só quando se engajam no valor, mas até quando não o fazem. Nesse ponto, o argumento é simples: a própria idéia de algo que tem valor em si mesmo é a idéia de alguém que *pode* se relacionar com o valor de modo adequado. Num mundo de objetos que têm duração, essa noção destaca alguns por causa da sua relação potencial com o valor. Assim como o fato de que um objeto tem um valor intrínseco identifica nele um potencial, o potencial de se engajar corretamente, assim também o *status* de ser alguém que tem valor em si mesmo identifica nesse alguém um potencial, o potencial de se engajar corretamente, e ser com isso enriquecido ou aprimorado, etc. Portanto, os valorizadores têm valor em si mesmos.

Mas não pode alguém perder a condição de ter valor em si mesmo se não conseguir se engajar corretamente no valor ou se fizer opções imprestáveis, degradadas ou impróprias? Essa preocupação é mal orientada. É decisivo para o *status* de ser um fim em si mesmo o fato de que isso identifique um potencial, e não a sua realização. Alguém tem valor em si mesmo se pode haver coisas que sejam boas para si, e não apenas porque esse alguém serve aos interesses de outros. Essa condição não corre perigo só porque esse alguém não se engaja no que é bom para si como deveria. Uma falha assim é de fato significativa. Asseguram-se e até exigem-se determinadas atitudes e ações para com falhas desse tipo e para com as pessoas a quem essas falhas pertencem. Estas deveriam se sentir frustradas, envergonhadas, etc., e os outros reagiriam de modo semelhante. No entanto, essas reações só podem ser adequadas quando dirigidas às pessoas que são fins em si mesmas e não demonstram que perderam esse *status*.

6. Introdução às razões do respeito

A explicação que apresentei sobre a natureza do que tem valor em si mesmo e o argumento para mostrar que os valorizadores têm valor em si mesmos talvez decepcionem. São técnicos e estruturais. Não se assemelham a argumentos éticos sobre o valor do que quer que seja. Podemos perguntar: se é por isso que as pessoas têm valor em si mesmas, por que se deve respeitá-las ou respeitar qualquer coisa que tenha tal valor? Há outra maneira de levantar a mesma questão: se é isso que significa ter valor em si mesmo, então ter valor em si mesmo é apenas um fato de interesse teórico (não obstante um fato valorativo): expressa, por exemplo, a divisão dos bens de valor entre condicionais e incondicionais. Mas por que esse fato teoricamente significativo deveria ser uma razão para qualquer outra coisa? Poderia ele constituir uma razão, ou ser o seu fundamento, para respeitar as pessoas porque elas são boas em si mesmas?

Vou começar por um dos aspectos da resposta: respeitar as pessoas é bom para aqueles que as respeitam. Isso significa que, tendo valor em si mesmas, as pessoas são também intrinsecamente boas, o que é bom para as outras pessoas. Como assim? É fácil indicar muitos modos pelos quais as pessoas são boas umas para as outras. Toda a cultura da humanidade depende disso. O fato de que as pessoas são valorizadores pressupõe que podem entender o seu meio e a si mesmas. Produzem atitudes, emoções, intenções e crenças à luz da apreciação que fazem das suas circunstâncias, à luz do entendimento que têm da significação normativa dos aspectos da situação em que se encontram. Essa capacidade é a base de muitos dos bens acessíveis a si mesmas e também a outras pessoas. Elas compartilham a criação de objetos de valor, compartilham a criação de práticas e relacionamentos intrinsecamente valiosos e o seu engajamento neles. A amizade, o engajamento geral na comunidade e nos interesses sociais, a literatura e as artes encontram-se entre os muitos bens que exemplificam esse ponto. Todas essas coisas são criadas pelas pessoas para fazer com que elas mesmas e as suas atividades sejam valiosas para os outros. É óbvio que as pessoas são boas para as outras pessoas (embora, desnecessário dizer, elas também possam ser más), e são assim porque são valorizadores.

No entanto, isso está muito aquém do que procuramos, quando o que procuramos são os princípios de um dever do respeito – ou não? A nossa noção de um dever do respeito, mesmo quando não concebido como o princípio de toda a moral, é a de um dever que votamos a todos os seres humanos em igual medida. Talvez isso seja uma ilusão ou o resultado de uma concepção equivocada, mas, a não ser que rejeitemos a idéia de que temos um dever de respeito geral para com os outros seres humanos, as revisões precisariam ser realmente mínimas. Talvez não tenhamos um dever de respeito para com quadros comatosos terminais ou assassinos psicopatas, ou ainda para com outras possíveis exceções. Pelo menos talvez não tenhamos para com esses casos o mesmo dever, ou não o tenhamos tão rigorosamente quanto para com os outros em geral. Exceções à parte, o dever – como se costuma concebê-lo – não admitiria muita modulação para acompanhar as diversas medidas em que algumas pessoas são, enquanto outras não são, ou são menos, boas para nós.

A questão é válida, mas não representa nenhuma objeção à busca do fundamento do respeito no fato de que as pessoas têm valor em si mesmas e, portanto, têm valor para os outros. Isso mostra apenas que o dever de respeito não pode ser fundamentado nos modos particulares pelos quais as pessoas têm valor umas para as outras. Isso não mostra que a sua condição de terem valor em si mesmas e, portanto, a sua condição de terem valor em geral umas para as outras, ou se preferirem, a capacidade de terem valor umas para as outras, não podem ser o fundamento do respeito.

Convém lembrar que o respeito em geral é uma espécie de reconhecimento e disposição para reagir ao valor e, sendo assim, à razão[42]. De que modo a noção de respeito é mais estrita que isso? Vejamos os diversos modos pelos quais podemos reagir à obra de Michelangelo. O reconhecimento que tenho do valor dos seus trabalhos é capaz de me fazer viajar a igrejas e museus distantes para passar o tempo contemplando-os, estudando-os e examinando as circunstâncias e o processo da sua criação, e muito mais. Eu poderia desenhá-los, tomá-los como inspiração para os meus próprios trabalhos, tentar comprá-los para tê-los em meu poder, e assim por diante. Não seria natural atribuir um motivo de respeito a nenhuma dessas atividades. O respeito à obra de Michelangelo consiste primordialmente em legitimar a sua grandeza no que dizemos e pensamos e em zelar pela sua preservação. Esse fato acarreta outro: não é preciso ser um especialista em arte nem estar entre aqueles que passam o tempo analisando-a e admirando-a. Nem todo o mundo precisa ser especialista em arte ou fanático pela obra de Michelangelo. Mas todo o mundo tem o dever de respeitá-la.

Podemos tirar algumas conclusões gerais a partir desse exemplo. Sem pretender fixar uma classificação, poderíamos distinguir três etapas de uma reação correta ao valor e à presença de propriedades benfazejas nos objetos. Em primeiro lugar, no nível mais básico, vem o reconhecimento psicológico adequado do valor, ou seja, considerar os objetos de modo coerente com o valor que possuem dentro do pensamento, entendido em sentido amplo, incluindo ima-

---

42. Como sempre, estou tratando das propriedades benfazejas, na esperança de que as conclusões se apliquem, *mutatis mutandis*, às propriedades malfazejas. É interessante notar, porém, uma assimetria entre elas. Devemos respeitar o que é intrinsecamente valioso, na medida em que é valioso, e não devemos respeitar o que é mau, na medida em que é mau. Tampouco devemos respeitar o que foi mau, uma vez que trouxe más conseqüências. Mas devemos respeitar o que tem poder de provocar o mal, assim como o que tem poder de fazer o bem. Respeitar o potencial que as coisas têm de provocarem más conseqüências não é mais do que tomar cuidado com o seu poder e/ou a sua propensão para fazer o mal.

gens, emoções, desejos, intenções, etc. Não quero dar a entender que devemos acreditar que qualquer coisa que tem valor tem valor. Não há nenhuma razão geral para saber ou acreditar que o que tem valor tem valor, assim como não há uma razão geral para saber ou acreditar em todas as proposições verdadeiras. Não há nenhuma razão para que eu acredite que há uma boa estátua de Buda no Cazaquistão, mesmo que haja uma tal estátua lá. Mas, se imaginamos um objeto que tem valor, há uma razão geral para que o imaginemos de modo coerente com o seu valor. Isso se aplica às nossas fantasias, imagens, desejos, emoções, bem como às nossas simples crenças. Desprezar uma pessoa como sendo, por exemplo, sem mérito ou medíocre, quando na verdade trata-se de alguém generoso e gentil, é manifestar uma emoção incoerente com o seu valor e incoerente com a razão geral à qual me refiro aqui: a razão para que no nosso pensamento consideremos os objetos de modo coerente com o valor que de fato possuem.

Dada a íntima ligação do pensamento com a sua expressão pela linguagem e por outras ações simbólicas, vou tomar a expressão do reconhecimento do valor pela linguagem e por outras ações simbólicas como pertencente também à primeira etapa do relacionamento com o valor.

Em segundo lugar, há uma razão geral para preservar o que tem valor. Naturalmente, a força dessa razão varia de acordo com o valor do objeto. Mas em geral temos razões para não destruir e, além disso, preservar o que tem valor. Existem questões complexas concernentes à natureza e aos limites dessas razões[43]. Não vou dizer nada sobre elas, afora pressupor que as razões do respeito mandam-

---

43. Esta razão, por exemplo, dá lugar às razões que há para engajar-se no valor ou para usá-lo de modo adequado: seria tolo não comer uma banana quando se tem fome para não destruir algo de valor, e nos esforçamos por achar um equilíbrio entre preservar e contemplar as obras de arte, quando contemplá-las pode levá-las à deterioração.

nos não destruir e talvez preservar, mas não criar novos objetos de valor[44].

Em terceiro lugar, podemos nos engajar no valor de modo adequado. Fazemos isso quando ouvimos música com atenção e discernimento, quando lemos um romance com penetração, quando escalamos pedras usando toda a nossa garra, quando convivemos com os nossos amigos de modo adequado à intimidade que temos com eles, e assim por diante.

As duas primeiras etapas do relacionamento com o valor contrapõem-se à terceira. Em última análise, o valor se realiza quando nos engajamos nele. Há um sentido no qual a música existe para ser apreciada quando a ouvimos ou quando a tocamos, os romances para ser lidos com penetração, as amizades para ser cultivadas, as danças para ser compartilhadas, e assim por diante. Simplesmente pensar os objetos valiosos de modo adequado e preservá-los é apenas o preâmbulo de um engajamento com o valor. De modo semelhante, as pessoas se realizam, as suas virtudes as revelam nas suas vidas, e as suas vidas são recompensadas somente se no seu decorrer elas se engajam em valores. Simplesmente não destruir objetos valiosos ou ajudar a preservá-los e pensá-los adequadamente não basta para ter uma vida realizada[45]. No entanto, é óbvio que ninguém tem ra-

---

44. Suponhamos que um carpinteiro especializado fabrique uma bela estante de livros. Ele talvez estivesse errado se não a fizesse assim. Mas não teria mostrado falta de respeito por essa estante se não a fabricasse. Se o carpinteiro tivesse sido de todo negligente, seria uma outra questão saber se com isso teria mostrado falta de respeito a si mesmo ou ao seu ofício. A minha exposição aqui nada tem a ver com essas questões. Elas implicam supostos deveres de engajamento em objetos ou em atividades de valor. É possível que às vezes tais falhas signifiquem falta de respeito ao valor da atividade que negligenciamos, ou a nós mesmos, quando negligenciamos uma vida de valor.

45. Isso deveria ser mais bem definido para admitir que é possível fazer uma carreira satisfatória como guardião de objetos de valor de um tipo ou de outro. Ou seja, pode-se fazer da preservação de objetos ou tradições valiosos, etc., um dos principais modos de engajamento no valor. Não há necessidade aqui de desenvolver as definições e os pormenores que mostram como isso pode ser coerente com o ponto de vista geral expresso no texto.

zões para se engajar em todos os objetos valiosos. Não precisamos ler todos os romances, ouvir todas as músicas, escalar todas as montanhas, ir a todas as festas ou dançar todas as danças que valham a pena. Por outro lado, mesmo que as duas primeiras etapas sejam, num certo sentido, apenas preparatórias ou preliminares, elas envolvem razões que se aplicam às três. Nem todo o mundo tem paciência para os quadros de Picasso, e não há nada de errado em não lhes dar a mínima (desde que isso não implique crenças infundadas quanto a eles ou quanto ao seu valor). Mas ninguém deve destruí-los ou tratá-los de modo incoerente com o fato de que são esteticamente valiosos. Não é preciso gostar de dançar. Mas ninguém deve atrapalhar as danças (de outras pessoas, decerto). E assim por diante.

O caminho que estou indicando por ora é óbvio demais. As razões do respeito são as razões pertencentes às duas primeiras etapas: as razões que se referem ao modo como tratamos os objetos de valor no pensamento e na expressão e as razões para preservá-los. Estas diferem das razões do engajamento nos objetos valiosos. Mas, embora por um lado as nossas vidas consistam essencialmente em se engajar no valor, o restante sendo apenas preliminares, por outro as razões do respeito são mais fundamentais. São também mais categóricas, não dependendo na mesma medida dos gostos e das inclinações das pessoas. Em relação àquilo que tem valor, seja instrumental ou intrínseco, há uma razão universal para que todos o respeitem, que é a forma mínima de engajamento no valor. É a reação correta àquilo que tem valor, mesmo quando você não o valoriza, mesmo quando você pessoalmente não o aprecia. É a forma de reconhecer que um quadro, uma composição musical, uma festa, uma amizade (cultivada por outros), um jogo de xadrez (jogado por outros) têm valor, ainda que você não deseje ver o quadro, ouvir a música, participar da festa, e assim por diante, porque nada disso lhe interessa.

7. Por que o respeito?

Por que deve ser assim? E o que as formas de respeito têm em comum? O caso do respeito é um tanto especial. Em geral, o valor do que tem valor e a ação da qual o seu valor é uma razão são intrinsecamente ligados. Não podemos entender o que tem valor numa festa sem entender qual é a sua razão, ou seja, quando alguém tem uma razão para ir a uma festa e como se comporta lá. É claro que esse entendimento não é muito específico. Em primeiro lugar, porque "festa" é uma categoria abrangente, que admite festas de muitos tipos. Entender o que são os diversos tipos de festas permite entender tanto um valor ou um conjunto de valores mais específicos quanto as razões mais específicas para ir a uma festa e de que modo fazê-lo. Em segundo lugar, a natureza (da maioria) das festas é de tal ordem que admite um desenvolvimento espontâneo. Entender o que são as festas revela-nos qual seja, mas, sob pena de causar o seu próprio fracasso, não pode nos revelar o que os desenvolvimentos espontâneos tornariam adequado ou inadequado.

O que vale para as festas vale para as composições musicais, o alpinismo, a filosofia, o amor e tudo o mais. Não há uma receita geral que determine qual é o modo correto de se engajar no valor. O bem do que tem valor determina a conduta cuja razão ele fornece, e entender o valor depende de entender a razão e conduz a ela. Como poderia ser de outro modo? Examinemos o problema geral: o que pode fazer com que um determinado valor seja a razão de uma determinada ação? Suponhamos que uma pessoa esteja pintando a própria casa de verde. Quando lhe perguntam a razão disso, ela responde: "Estou pintando a casa de verde porque a amizade tem um grande valor" (ou "porque a amizade que tenho com Jim é maravilhosa"). Se a ligação entre o valor de alguma coisa e a ação cuja razão é esse valor não é arbitrária (e não pode ser arbitrária), então precisa ser determinada pelo valor. Ou melhor, para que o valor de alguma coisa seja a razão de uma ação, precisa determinar que ação é essa, e isso precisa ser um aspecto ou uma propriedade essencial do que torna a coisa de valor algo cujo valor determina a ação.

Suponhamos que não seja assim e que, embora o fato de que X é V (possui a propriedade benfazeja V) seja uma razão para fazer A, o fato de que seja assim é determinado por alguma outra coisa que não um aspecto essencial de X ser V. Nesse caso, X poderia ser V sem ser uma razão para A (isto é, numa situação em que a propriedade determinante está ausente)[46]. Portanto, não pode ser que o fato de que X é V seja uma razão para fazer A[47]. Com efeito, supondo que a propriedade que determina a ação não esteja essencialmente relacionada com o fato de que X é V, não há nada que sugira que é o fato de que X é V, e não a propriedade determinante, a razão para fazer A[48].

Ao dizer que o valor do que tem valor determina que ação, se é que há alguma, cuja razão é esse valor, não pretendo alegar uma prioridade epistêmica do valor sobre as razões da ação. É bem provável que o nosso entendimento do que tem valor em alguma coisa derive daquilo cuja razão para ser feito é essa coisa, e vice-versa. A razão e o

---

46. Desconsidero a possibilidade de que a propriedade determinante, embora não essencial para X ser V, esteja necessariamente presente sempre que X é V. Um outro argumento razoavelmente óbvio mostraria que em todas essas variantes a propriedade determinante, e não o fato de X ser V, é que seria a razão.

47. Pace a posição contrária assumida por Jonathan Dancy em *Moral Reasons*, Oxford, Blackwell, 1993. Argumentei contra o seu ponto de vista em *Engaging Reason*, Capítulo 10.

48. Às vezes perde-se esse fato de vista. O bem de tomar conta do bebê de uma amiga, por exemplo, parece ligado de modo apenas contingente à razão para fazê-lo, que é a minha promessa de servir de babá. Eu teria tido a razão para fazer qualquer coisa (dentro de certos limites) que eu tivesse prometido fazer. Nesse caso, foi servir de babá. A minha promessa, porém, é uma razão para fazer o que quer que fosse que eu tivesse prometido. Isso é essencial à natureza de uma promessa válida, e agora essa promessa válida é a promessa de tomar conta de uma criança por algum tempo, determinando assim o que tenho razão para fazer, o que constitui o ato de cumprir a promessa.

valor estão ligados de modo inerente, ainda que assimétrico. A grande lição que tiramos para o presente objetivo é que não há nenhuma fórmula geral que determine as ações cujas razões são fornecidas pelo valor do que tem valor. A natureza do bem particular determina a ação cuja razão é esse bem ou, para usar a terminologia introduzida acima, o modo adequado pelo qual seria possível engajar-se nesse bem.

Não é assim com o respeito. Há um sentido no qual as razões do respeito não são específicas quanto ao valor. Todas elas têm o mesmo fundamento. Os seus limites exatos podem variar, bem no seu rigor. Mas o seu núcleo é o mesmo: se se engajar no valor é o modo de realizar o valor, respeitar o valor é o modo de resguardar a possibilidade dessa realização. As razões básicas impostas por alguma coisa que tem valor estão no fato de que se deve permitir que desempenhem o seu papel adequado, ou seja, no fato de que se deve permitir que se realizem. Isso é particularmente claro quanto à segunda etapa, em se abster de fazer mal às coisas valiosas e resguardá-las de quaisquer danos.

A primeira etapa do respeito, o reconhecimento no pensamento e na expressão, contribui para a manutenção de atitudes que habilitam as pessoas a se engajarem no valor. Essa fase envolve tanto aspectos individuais quanto aspectos sociais. Por um lado, reconhecendo que o que tem valor tem valor no pensamento e na expressão de alguém, conservamo-nos abertos à possibilidade de engajamento no valor, mesmo quando não temos interesse em fazê-lo e sabemos que nunca vamos nos engajar nele. Por outro lado, mantendo essas atitudes, estamos contribuindo para um clima sociocultural que torna concebível e respeitável o engajamento nesses valores. O próprio fato de que as coisas têm valor exige pelo menos isso de nós. Como expliquei acima[49], em si mesmas, e circunstâncias especiais à parte, essas razões do respeito, longe de impor sacrifícios às pessoas,

---

49. E muito mais pormenorizadamente em *Engaging Reason*.

contribuem para o valor da sua própria vida, como faz em geral a busca pela razão.

As razões do respeito são razões categóricas, no sentido de que o seu peso ou o seu rigor não dependem dos nossos objetivos, gostos ou desejos. Tocar piano, jogar golfe, lecionar (profissionalmente), passar o verão na Martinica, gostar ou admirar Dubuffet, Cézanne ou Proust, ser amigo de Jane, e a maioria das outras coisas que temos razão para fazer ou ser, e que dão conteúdo às nossas vidas, são todas atividades, relacionamentos, atitudes, etc., para as quais temos razões, mas o peso ou o rigor dessas razões dependem dos nossos gostos (se você não tem um gosto por esse tipo de coisa, não vai se beneficiar dela, e a razão para que você se engaje nela é muito pequena) ou dos nossos objetivos (se você está seriamente interessado em artes visuais, a sua razão para ver a exposição é muito maior do que a minha), etc. Não é assim com as razões do respeito: as nossas inclinações, os nossos gostos, os nossos objetivos ou os nossos desejos não afetam o seu rigor. Não se segue daí que elas tenham mais peso ou mais rigor que as outras razões. Algumas são mais e outras menos rigorosas, outras razões, não-categóricas, estão entre as mais importantes da nossa vida, e outras ainda estão entre as mais banais. No entanto, sendo categóricas, as razões do respeito são também razões cujo desdém, quando predominam (ou seja, quando suplantam as outras razões), é errado. Agir contra razões não-categóricas irrefutáveis é em geral tolo, insensato ou demonstra alguma outra fraqueza, além do que pode ser irracional, mas não é errado[50].

É preciso admitir que, ao me apropriar da noção de respeito para designar as razões gerais e ter que reconhecer assim o valor de tudo o que tem valor, mesmo quando pes-

---

50. Isso ajuda a explicar por que as razões do respeito são muitas vezes associadas às razões morais. No entanto, sendo razões para respeitar tudo o que tem valor, a sua abrangência é tanto mais lata quanto mais estrita do que a maior parte do que se entende convencionalmente por moral.

soalmente não valorizo tudo, estou me afastando do modo como o termo costuma ser usado, embora esteja seguindo uma eminente tradição filosófica. Não nos referimos com freqüência ao respeito pelo valor de xícaras e pratos, e, quando exprimimos o nosso respeito pela capacidade dos nossos inimigos de nos fazer mal, as explicações acima não dão conta plenamente do que queremos dizer. O que importa é a distinção entre as três etapas de reação ao valor e o fato de que, embora o gosto tenha muito a ver com a determinação das buscas intrinsecamente valiosas com as quais vamos nos engajar, as razões das reações das primeiras duas etapas são independentes do gosto e das inclinações pessoais. Dada a orientação dos debates sobre o respeito às pessoas no campo da ética, convém denominá-las razões do respeito.

8. Respeitar as pessoas

Creio que estamos progredindo. Mas será que estamos indo na direção certa? Talvez vocês estejam desconfiados de que saí dos trilhos porque, em lugar de explicar o respeito às pessoas, estou explicando o respeito a tudo o que tem valor, incluindo todos os valores instrumentais. Como pode derivar disso alguma coisa minimamente parecida com o respeito às pessoas? É certo que o respeito que devemos manifestar nos nossos pensamentos e nas nossas ações quanto ao pedaço de pão na cozinha, se é que deve haver aí algum respeito, não tem nada a ver com o respeito às pessoas?

A dúvida é compreensível, mas injustificada. O respeito às pessoas é somente respeito, como foi explicado. O que o faz diferente é que ele se aplica a pessoas. Como poderia ser respeito às *pessoas*, dado que o respeito é ao valor, independentemente de que valor se trate? É e não é. Os seus dois aspectos, reconhecer o valor pela palavra e pelo ato e preservá-lo, nada mais são do que os resultados de que o valioso é valioso. Mas, no que reside o reconhecimento, isso depende naturalmente do conteúdo do valor, como as ações requeridas para preservá-lo. De modo semelhante, o rigor das razões para reconhecer e preservar depende da importância do valor. Vale lembrar: não a sua importância para um determinado valorizador, mas a sua importância como algo que *pode* ser valorizado, cujo valor *pode* ser realizado.

Eis por que respeitar as pessoas é relativamente indiferente a quantos possam amá-las, quão criativas elas sejam, quanto elas contribuíram para a humanidade, etc. E é por isso que se trata de um dever mais rigoroso do que aquele que temos, em condições normais, para com um copo d'água. É por isso também que ele é menos abrangente do que os deveres de um amigo, um amante, um pai ou um patrão. Todos eles valorizam, ou deveriam valorizar, a pessoa com quem estão assim relacionados. Enquanto o grosso da humanidade precisa apenas respeitá-la.

Se o respeito às pessoas difere do respeito às obras de arte, isso ocorre em boa medida porque o valor das pessoas difere do valor das obras de arte. E também porque as pessoas, ao contrário das obras de arte, dos doentes em estado de coma e dos outros animais, possuem um senso da sua própria identidade, um senso de que elas têm valor, e portanto sentem-se ofendidas pelo desrespeito, um fato que imbui de especial rigor os deveres do respeito às pessoas[51].

---

51. Harry Frankfurt escreve que tratar uma pessoa desrespeitosamente, pelo menos em termos de uma certa importância, "pode naturalmente trazer à tona dolorosos sentimentos de ofensa. Isso também pode trazer à tona uma ansiedade mais ou menos incipiente; porque, quando uma pessoa é tratada como se elementos significativos da sua vida não tivessem nenhum valor, é natural que ela vivencie essa experiência de certo modo como um ataque à sua realidade. Quando as outras pessoas agem como se ela não fosse o que ela é, o que entra em jogo é uma espécie de autopreservação. Quando se nega a sua natureza, não é certamente contra a sua sobrevivência biológica que se lança um desafio. É contra a realidade da sua existência perante os outros e, portanto, contra a firmeza do seu próprio sentimento de ser real" ("Equality and Respect", 153). Como descrição das reações psicológicas das pessoas, isso vale apenas para alguns casos de violações do dever de respeitar as pessoas. Mas, ao descrever os motivos das reações citadas, a exposição de Frankfurt

Isso também explica a especial importância dos atos simbólicos que manifestam respeito. As pessoas que possuem um senso do seu próprio valor e compreendem quando ele é ou não reconhecido e respeitado pelos outros podem chegar a se ofender muito com um comportamento desrespeitoso e reclamar a afirmação do reconhecimento do seu valor em manifestações simbólicas de respeito.

Nesses tempos em que a política da identidade ganhou grande proeminência, somos especialmente sensíveis às expressões simbólicas de respeito. No entanto, por mais óbvia que seja, essa afirmação chama a atenção para uma ambigüidade no parágrafo anterior. Há um grau "correto" de ofensa que o descaso pelas razões do respeito justifica, um grau tal que possa determinar o rigor das razões do respeito? Ou o rigor dessas razões é determinado pela medida em que as pessoas são de fato ofendidas pelo desrespeito, uma questão certamente relativa e variável de indivíduo para indivíduo, mas também de cultura para cultura?

Em parte, a questão é mal interpretada. Os deveres de respeito às pessoas exigem que evitemos causar a ofensa que o desrespeito racionalmente causa. Mas desde que, e na medida em que, devemos evitar ofender as pessoas, temos uma razão (embora não uma razão devida ao respeito) para evitar um comportamento que vá ofender ao ser percebido como desrespeitoso, não importa se é de fato desrespeitoso ou não, ou se a ofensa é ou não racional ou proporcional à agressão.

Mas isso é apenas parte da resposta. Duvido que o limite entre as reações racionais e as reações não-racionais a um tratamento desrespeitoso possa ser traçado independentemente das práticas sociais (inerentemente variáveis) nesse âmbito. As práticas sociais adquirem importância por meio do papel que desempenham os atos simbólicos do

---

afina-se com a minha. A negação do valor da pessoa que é tratada desse modo, implícita nesse tratamento, pode ser vista como um ataque à sua realidade, quando isso não significa a sua realidade biológica.

respeito ou do desrespeito. Costumamos pensar as ações simbólicas como sendo aquelas de desfraldar bandeiras ou cantar hinos ou outras canções de significado simbólico, ou usar palavras respeitosas ou desrespeitosas (como os modos de saudar as pessoas, etc.), que têm apenas efeitos não-simbólicos ínfimos. A estes vou chamar de atos "puramente simbólicos". Mas os atos que possuem uma outra significação para as pessoas, uma significação "real", também podem se tornar expressões simbólicas de respeito ou desrespeito. Eles são simbólicos se contêm significado porque são entendidos como tendo esse significado, e não por causa das suas conseqüências "reais" ou da sua significação "real", isto é, o significado que teriam independentemente da percepção do seu significado e da sua significação. Votar nas eleições, por exemplo, tem uma certa importância, interferindo na qualidade do governo e na probabilidade de que os interesses dos vários grupos nacionais sejam amparados pelo Estado. Isso assumiu, muito naturalmente, uma significação simbólica, de modo que não votar significa ser um cidadão de segunda categoria: para o indivíduo, é uma expressão de falta de respeito.

Como ocorre com a maioria das ações simbólicas, incluindo a maioria das ações puramente simbólicas, há razões pelas quais determinados atos se tornam simbólicos disso ou daquilo. Presentear flores (um ato puramente simbólico na nossa sociedade) não deixa de estar relacionado com as atitudes que temos para com as flores na nossa cultura, independentemente do seu uso como presentes ou lembranças. Votar vem a ter – "naturalmente", como costumamos dizer – o significado simbólico que tem por causa da sua função instrumental de facultar a influência dos interesses das pessoas sobre a política do governo. Ademais, os símbolos geralmente não vêm sozinhos, mas em redes interligadas. A significação simbólica do voto está associada ao modo como consideramos a participação (até mesmo a escolha dessa palavra é significativa) nas comunidades políticas (serão de fato comunidades? não serão apenas outra expressão simbólica da aspiração?). Nada disso deve obnubilar o fato de que ver a abstenção de votar como falta de respeito é um resultado da significação simbólica do voto na nossa vida[52].

Os atos simbólicos de respeito são interessantes teoricamente porque mostram de que modo uma razão universal para respeitar as pessoas conduz a razões para realizar atos diferentes em diferentes culturas, já que, é claro, os significados das instituições sociais e das práticas sociais podem variar de uma cultura para outra, o que é bastante óbvio e no entanto muitas vezes esquecido por alguns expoentes da política de identidade. Qualquer coisa pode vir a ser associada, simbolicamente, ao respeito ou ao desrespeito pelas pessoas. É natural que qualquer coisa que tenha relação com os interesses das pessoas possa adquirir uma tal significação simbólica. As razões do respeito sempre seguem essas práticas simbólicas, convencionais? Temos razões do respeito para evitar qualquer ação que (simbolicamente) manifesta desrespeito nas circunstâncias em que ela traz esse significado? Ou poderia haver excessos simbólicos nessa questão? Podem os membros de algumas sociedades, ou de alguns grupos dentro de uma sociedade, vir a considerar não racionalmente determinadas formas de comportamento como uma manifestação de desrespeito?[53] A resposta é

---

52. Para fundamentar o meu ponto, seria preciso ir além do que é possível dizer aqui. O fato de que os jovens e os visitantes temporários não votem não significa desrespeito para eles. Isso ajuda a fundamentar que a associação entre o respeito e o voto é simbólica, constituindo-se em função do significado percebido e não da sua significação independente de tais percepções? Até certo ponto, mas não inteiramente. Pode-se tentar associar a significação do voto à funcionalidade de exercê-lo, por razões para concedê-lo ou negá-lo que são independentes do seu significado percebido. Se a sua função é assegurar um governo melhor, franqueá-lo a visitantes temporários ou a crianças pequenas pode ser contraproducente. Sem dúvida, mas o meu ponto é que, mesmo nos casos em que é funcionalmente justificado, ele não precisa ser associado ao respeito ou à sua ausência. Essa ligação é simbólica.

53. Suponhamos que os devotos de alguma religião passassem a considerar o uso de certas roupas, como por exemplo chapéus, como manifestação de desrespeito aos seus membros. Teríamos então razões do respeito (em oposição às simples razões para poupar os sentimentos das pessoas) para não usar chapéus?

provavelmente complexa: pode ser tanto uma coisa quanto a outra. Ou seja, pode ser algo não-racional ou lamentável que alguns atos tenham o significado que têm, e no entanto, embora o tenham, pode ser desrespeitoso realizá-los. Contudo, em certas circunstâncias a não-racionalidade de tomar determinados atos como manifestações de desrespeito pode chegar ao ponto de negar que tenham esse significado. Essas e outras questões sobre os pormenores do alcance e do rigor das razões do respeito constituem as questões que precisam ser respondidas para que se entenda o papel da doutrina do respeito às pessoas no interior do quadro mais amplo da moral[54]. Tais investigações vão ter de aguardar uma outra oportunidade. Evidentemente, mal comecei a arranhar a superfície. Mas espero ter dito o bastante para mostrar como uma exposição das razões do respeito nas linhas apontadas aqui pode explicar por que as razões do respeito desempenham um papel especial na moral, em particular na sua vertente universal. Elas também mostram como o universal enreda-se com o socialmente dependente, como a doutrina do respeito pode ser universal e geral quando aplicada na sua formulação abstrata, embora seja culturalmente dependente e socialmente relativa em algumas das suas manifestações, especialmente as simbólicas.

---

54. Ao longo de toda essa discussão, procurei ter em mente as lições de "The Ethics of Respect for Persons", de Frankena, que demonstra com êxito que não se pode considerar os deveres do respeito como o fundamento da moral se isso significa que o restante da moral não é mais do que o cálculo das implicações da doutrina do respeito.

Índice remissivo

amor, 15-6, 18, 23-4
apegos, 13-38
 no domínio público, 30-1
 universalização e, 30, 37
autocriação, 38

Barak, A., 36
bens, componentes dos, 98-9

capacidades/faculdades, o seu valor, 107-9
conhecimento, condições da possibilidade de, 58

Dancy, J., 156
Darwall, S., 129
desejo de sobreviver, 99-105
deveres, 20-2
diferença, legitimação da, 11-2, 40
direitos, 22

Ehrenberg, K., 10
Epicuro, 77, 115-6
experiência, valor da, 109-15

Feldman, F., 84
fim em si mesmo, 132-6
Frankena, W. K., 118, 122, 130, 164

Frankfurt, H., 119, 160-1

Glover, J., 11

Heuer, U., 110

identidade, 22, 32-5
 identidade de grupo, 33-5
integridade, 33
inteligibilidade, dos valores, 30, 37, 40-1, 45-51, 57, 70-2
Israel, 35-7

Kamm, F., 91, 136
Kant, E., 123-9, 132-3, 143
Kaufman, F., 84
Korsgaard, C., 143

Lucrécio, argumento de, 83-4, 106

medo da morte, 115-6
moral, natureza da, 122-3
mortalidade, valor da, 80-3

Nagel, Tom, 76, 84, 89, 105-15
Nozick, R., 132-6

objetivos, condicionais *vs.* incondicionais, 99-102
opção, valor de, 108-9

prazer, sensual, 61
preferências temporais
　pela localização, 85-91
　pela longevidade, 85-93
　por não morrer em breve,
　　91-3
　preferências pela localização
　　relacional vs. localização
　　indexical, 90-1

razão, *ver também* valor
　do/para o respeito, 150-3,
　　157-9
　elegibilidade e erro, 5-7, 158
　e *status*, 120-2
　Re A (Children), 75-6
　relativismo, 13
　respeito às pessoas, 117-64
　e práticas sociais, 161 ss.
　manifestação simbólica do,
　　160-4
　ver também razões, do/para o
　　respeito

Saint-Exupéry, A., 13 ss.
Sen, A., 11
sentido/significado
　da vida, 13, 16-22, 33
　pessoal, 19-21, 37-8
　valor e, 17
singularidade,
　e insubstituibilidade, 25-7
　valor e, 4, 17, 22-9, 37-8

tradições, 36-7
valor, 136-8

apegos e, 16-9
conhecimento do, 58-66
dependência social do, 61-70 ;
　para, 136-41; para nós, 39;
　dos valorizadores, 142-8
diversidade de, 3, 41-3,
　57-60;
em si mesmo, 136-45
do fracasso, 16
engajar-se em, 145 ss., 155-6
imensurabilidade do, 5
intrínseco *vs.* instrumental,
　74, 108, 134-5
laço comum da humanidade, 2
maximização, 6-7, 103, 112
parcialidade, 3, 8, 13-38
razão e, 2, 155-6
realizado, 145
universal, 2, 8, 13, 39-74
vida, valor da, 74-116
　como um componente do bem,
　　98-9
　depende do conteúdo, 94-7
　valor da ação *vs.* valor da vida,
　　113-4
　valor da vida passada *vs.*
　　valor da vida prolongada,
　　77
　valor pessoal e impessoal da,
　　79, 94 ss.
　ver também sentido/significado,
　　da vida

Williams, B., 37-8, 100